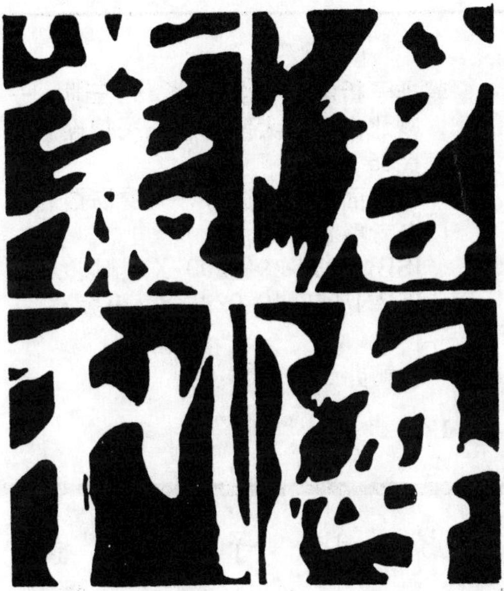

韓非子析論

謝雲飛 著

東大圖書公司印行

國立中央圖書館出版品預行編目資料

韓非子析論／謝雲飛著. -- 三版. --
臺北市：東大發行：三民總經銷，
民85
面；　　公分.--(滄海叢刊)
參考書目：面
ISBN 957-19-0290-X (精裝)
ISBN 957-19-0291-8 (平裝)

1. 韓非子—評論

121

著作人　謝雲飛
發行人　劉仲文
著作財產權人　東大圖書股份有限公司
臺北市復興北路三八六號
發行所　東大圖書股份有限公司
地　址／臺北市復興北路三八六號
郵　撥／〇一〇七一七五──〇號
印刷所　東大圖書股份有限公司
總經銷　三民書局股份有限公司
門市部　復北店／臺北市復興北路三八六號
重南店／臺北市重慶南路一段六十一號
初　版　中華民國六十九年四月
三　版　中華民國八十五年二月
編　號　E 12032
基本定價　叁元貳角
行政院新聞局登記證局版臺業字第〇一九七號
著作權執照臺內著字第一四六六五號

ISBN 957-19-0291-8 (平裝)

戴序

韓非，集先秦法術思想之大成，在我國哲學史中，自有其不容忽視之地位。其政治學說，對於戰國季世封建政治之崩潰，君主政治之建立，具有決定性影響。是以就周秦政治史言，謂韓子著作為改變歷史之書，當不為過。太史公云：「非為人口吃，不能道說，而善著書。」夫韓子之著書也，固本乎愛國之忱，欲獻其富強之策。彼以其強毅勁直之秉賦，觀察世情，無不敏銳而深刻；辨析事理，則必冷靜而精密。濟之以淵博之學識、豐富之閱歷，發而為文，乃能以瑰瑋之詞抉摘隱微；用善巧之喻闡發玄遠。於是，韓非子書，又為我國文學史創造說理散文之獨特風格，唐宋以來卽為好文之士所崇尚。

一般而言，前賢對韓非子之研究，大體致力於二事。一為文獻學方面之探討，如版本異同之校正、篇章真偽之考辨，以及文字音義之訓釋等。另一則為義理方面之疏解，類皆取今日哲學、政治或法律之專門知識以論述其學術思想。

友人謝雲飛先生，往年執教於南洋大學，為諸生講授韓非子。兼顧於文獻與義理有關問題之討論；於韓子多方面之成就，尤三致意焉。根據原典，考辨實義，說其原委，明其體系，取其精粹，致其廣大。荀子云：「君子知夫不全不粹之不足以為美也。」謝先生之意，蓋在此乎。其所講論，筆之成書，名曰韓非子析論。於民國六十二年刊行問世。去年秋日，謝先生返臺，是書乃得再版，其嘉惠學林，自匪淺鮮，特為敍其所聞云爾。

中華民國六十九年元月戴璉璋序於臺北

自序

這本小書，曾在民國六十二年由作者自資出版過一次，當時只是為了給學生作講義用的，請主持霧峯出版社的吳自甦教授為作者安排出版，由大林書店裝訂了五百本代賣。幾年下來，書已經賣完，而作者也就沒有再開「韓非子」這門課了。最近，與東大圖書公司的劉經理商議，把版權賣給東大，重新排版發行，因此這本書總算又可面目一新地與讀者見面了。

韓非子是主張急功近利、毀仁去義，而以嚴刑峻法、絕聖棄智來治國的。從某些方面看，其急功利、用權術的作法，似乎與現世的功利主義頗相接近；但其正明法、陳嚴刑的主張，却終不免失之於殘酷而無情。惟其重自恃而不恃人、嚴法禁以安內政、尚國力而不待外援的看法，却又頗適用於今日的國際外交。時移世遷，一切治國的法則都不可能一成不變，只要這一家的學說有某些可資借鏡之處，自然也就有值得研究的意義。這本小書正是研究韓非思想的一個梯階，對初學的人來說，自有其便於入門的意義在。

一般研究古籍的著作，都偏重在篇章真偽的考證，與夫文字章句的校勘方面，本書則除考證之外，特重於思想的分析與整理，尤重與今日的新觀念之互相配合，而求以古證今，使達古為今用的目的。所以在韓非的政治思想、教育思想、科學思想、經濟思想、兵學思想與强國要略等項特別為之羅剔、歸納出來，使每一項都成為一個專題，以啓發學者研究韓子時的思路，以為其擴大或深入研究的依據之基礎。作者深深地以為：研究諸子之學，如果只徒事於章句之考校，而忽視其思想之分析，則等於是取其糟粕而棄其精華，其費時費力固多，而其損失之大也是可想而知的。

多年以來，作者用心於語言學之研究的時間多，而致力於思想之研究的時間少，本書之作，原只為配合教學而撰述的，如果說尚有可取的話，那恐怕只有「深入淺出」四字可以略表其中的真意了。不過，無論如何，作者總以虔誠的心，求方家的不吝賜教。

中華民國六十九年元月十八日作者序於木柵政大

韓非子析論目次

韓非子書　第一

壹、名稱

一、稱韓子

歷代史志著錄均稱「韓子」，如：

漢書藝文志諸子法家類：

韓子，五十五篇。名非，韓諸公子，使秦，李斯害而殺之。

梁阮孝緒七錄：

韓子，二十卷。（七錄已佚，此據史記正義所引。梁庾仲容子鈔同七錄。）

隋書經籍志子書法家類：

韓子，二十卷，目一卷。

舊唐書經籍志，新唐書藝文志，宋史藝文志子書法家類及明焦竑國史經籍志法家類並云：

韓子，二十卷。

清四庫全書總目及簡目子部法家類：

韓子，二十卷。

二、稱韓非子

「至宋代以後，或有稱古文家韓愈爲「韓子」，慮其與韓非書相混，乃有易非書之稱爲「韓非子」者，如：宋晁公武郡齋讀書志、清孫星衍孫氏祠堂書目與廉石居藏書記、黃丕烈士禮居藏書題跋記、張之洞書目答問，梁啓超要籍解題及其讀法等是。今世之研讀子書者，已以「韓非子」爲非書之通稱矣。

貳、篇卷

一、史記

史記韓非傳云：

非爲人口吃，不能道說，而善著書，……作孤憤、五蠹、內外儲、說林、說難十餘萬言。未言篇卷之數目，但舉若干篇目而已。

二、漢志

漢書藝文志諸子法家類：

韓子，五十五篇。

三、史記正義

張守節史記正義引梁阮孝緒七錄：

韓子，二十卷。

四、隋志

隋書經籍志子書法家類：

韓子，二十卷，目一卷。

隋志以後之各史志皆著錄爲二十卷，不別詳錄之矣。

五、今見本

今傳各本韓非子皆二十卷五十五篇，篇數同漢志，卷數同隋志。

叁、版本

一、古本

今可見諸刻本之前當有一古本者，唯於今未見之耳。

二、宋本

有宋乾道黃三八郎刻本，此爲今見最早之韓子版本，與明正統道藏本並稱爲今見之最佳版本。

三、元本

元何犿校讎中秘書得五十三篇本，據以翻刻，而益以序文，即世所謂之「何犿本」也，何本今已不見，惟觀其所作校韓子序，知五十三篇外所脫之文，與明正統道藏本所脫者同，則中秘書本與道藏本同出一源可知矣。然道藏本非出自何犿本，蓋據何犿序知何本已削去舊注，而道藏本則未削去舊注也。

四、明本

明本之最佳者爲正統道藏本，其次爲趙用賢本，再次爲門無子韓子迂評本，再次爲張榜本、凌瀛初本。此外不相上下之普通版本有張鼎文本（盧文弨省稱之爲「張本」，與他人所稱「張本」不同，他人所稱之「張本」爲張榜本）、孫月峯本、王道焜本、周孔教本、葛鼎本、黃策本、孫鑛本、二十子本、管韓合刻本、秦季公本。

五、清本

清乾、嘉年間，發現乾道本韓非子，一爲張古餘所藏之原刻本，一爲黃丕烈所藏之述古堂影鈔本，兩本皆有缺漏，黃丕烈以兩本參校補足（註一），交由吳鼒翻刻，即後世所稱之「吳鼒本」

也。其後浙江局又據吳本翻刻，則所謂「浙江局本」也。

六、今本

今之鉛字排印各版本不計，較早則有涵芬樓之四部叢刊本，亦源于乾道本者也。

肆、真僞

以韓子五十五篇之眞僞而論，歷來論者有以下數耑可爲考證之依憑者，然終因爲時曠遠，難作確切之定論，僅列舉諸耑以爲學者提示辨僞之途徑耳。

一、辨僞之依據

1以內容爲辨僞之依據：胡適中國哲學史大綱卷上云：

依我看來，韓非子十分之中，僅有一二分可靠，其餘都是加入的。那可靠的諸篇如下：顯學、五蠹、定法、難勢、詭使、六反、問辯。此外如孤憤、說難、說林、內外儲，雖是司馬遷所舉的篇名，但司馬遷的話是不很靠得住的(如所舉莊子漁父、盜跖諸篇，皆爲僞作無疑)。我們所定這幾篇，大都以學說內容爲根據。

容肇祖韓非子考證亦頗是其說。

2以文體爲依據：梁啓超要籍解題及其讀法云：

以文體論，孤憤、五蠹等篇之文，皆緊峭深刻廉勁而銳達，無一枝詞；反之，若主道、有度、揚搉、八姦、十過等篇，頗有膚廓語，主道、揚搉多用韻，文體酷肖淮南子，二柄、八姦、十過等，頗類管子中之一部份。

3 以史遷所嘗稱述者爲可信：司馬遷生於漢景帝中元五年（公元前一四五年），韓非子卒於秦始皇十四年（公元前二三三年），其間相去不過八十餘年，當史遷之世，無論聆聽長老稱述，或觀先代遺留之著作，均視二千餘年後之今日方便百倍，亦可靠百倍，故史遷所嘗稱舉之篇章，自不宜輕易懷疑之也。司馬遷史記韓非傳云：

非爲人口吃，不能道說，而善著書，……作孤憤、五蠹、內外儲、說林、說難十餘萬言。

4 以先可肯定爲眞之篇章推想未能肯定之篇章：如司馬遷史記韓非傳中特舉孤憤、五蠹、內外儲、說林、說難爲代表，而今本韓非子亦存有諸篇，則此數篇自爲最可信者，以此可信之諸篇思想、內容、文筆，推想其餘，自爲最可循之辨僞正途也。

5 五十五篇非一時一地之作，不可強求思想及文體之統一以爲辨僞之依據：四庫全書總目提要云：

疑非所著書，本各自爲篇，非歿之後，其徒收拾編次，以成一帙，故在韓在秦之作均爲收錄。併其私記未定之稿亦收入書中，名爲非撰，實非非所手定也。以其本出於非，故仍題非名，以著於錄焉。

以是而論，則韓非子五十五篇之作，非出於一時一地；早歲晚歲，此地彼地，環境之變更，思想之移易，文筆詞語，情思言論，宜其未必完全統一，考僞之際，不可不留意於斯也。

二、司馬遷所稱述之諸篇

1孤憤：言當塗擅事要之人，外內爲之用，諸侯、百官、郎中、學士爲其四助，兼與世主有「近愛信」、「習故」、「同好惡」之誼，而其地位「貴重」，「一國」爲其黨羽，居於五必勝之地，而法術之士則進諫無門，投訴無路，極言孤立之甚，悲憤之極。與韓非之處境悉相符合，其文之必出非手，殆無疑義者。此篇既爲史遷所稱舉，亦歷來學者所未置疑者，蓋可深信無疑者也。

2五蠹：提出時主所愛重之「學者」、「言談者」、「帶劍者」、「患御者」、「商工之民」五者爲謀私利、亂國俗之蠹民，勸諫世主宜明歷史進化之理，實行法治以強其國。此篇既爲史遷所稱舉，亦爲李斯及秦二世所徵引，其必爲非作乃歷來無疑議者。

3內外儲：本題以篇幅過長，故又分內外兩大篇，內篇又分上、下二篇；外篇又分左上、左下、右上、右下四篇，共爲六篇。其碻名爲「儲說」，史遷稱舉略一「說」字。「儲」爲積聚之義，「說」指傳說故事。通篇以多節流傳故事，闡明人君行法用術之利，委法棄術之害。各篇之寫作，均係先總挈大綱，後分敍條目；立論在前，舉例在後；事理相閒，議敍相參。其文稱立論部份爲「經」，舉例部份爲「傳」；前後相繫而成一整全統一之有機體，故經、傳兩部份，宜合而讀之，不可分而觀之，此卽後世「連珠體」之鼻祖也。無論以內容、作法觀之，均可信其出於非手，且爲史公所稱舉，實毋庸置疑者也。梁啓超要籍解題及其讀法，以內外儲說爲韓非子書中之次要諸篇。近人甚或有疑之者，然所說殊無憑據，甚不可信，如胡適中國哲學史大綱云：

外儲說左上似乎還有一部份可取，其餘的便不可深信了。

容肇祖韓非的著作考（註二）云：

內外儲說六篇，爲縱橫或游說家言混入於韓非子書中者。

吳汝綸點勘韓非子讀本云：

內外儲說，其篇首之所謂經，韓子之文也；其後雜引古事，乃「爲韓學」者之所爲，以解韓非子之書者也。

陳千鈞韓非子書考（註三）云：

吳說是，惟解經者或韓子自爲之，以便人君之觀覽，亦未可知也。

陳啓天韓非子校釋（註四）云：

按經與傳均聯繫甚緊，傳固所以解經，而經亦有言及傳者，如「其說在」，「其患在」等是，經爲綱要，傳爲解說，不可分離，當俱出韓子一人之手。不過傳中有所謂「一曰」云云者，則爲出於韓子後學所爲，殆無疑義也。

4 說林：「說」指傳說故事，「林」蓋集合之義。

梁啓超要籍解題及其讀法：

說林二篇，似是預備作內外儲說之資料。

陳啓天韓非子校釋（註五）云：

按說林之言近於戰國策，蓋韓子之讀書雜錄也。

王煥鑣韓非子選（註六）云：

說林就是傳說故事集，由於篇幅繁多，分爲上下兩篇。韓非採錄這許多故事，可能是寫作論文時做說明材料用的。

今按說林既爲史遷所稱擧，而各家又無置疑者，則可信其爲韓非之作無疑也。

5說難：此篇內容與孤憤篇爲相表裏者，「孤憤」篇言法術之士因受當塗擅事要之重人所阻難，無緣以進諫人主；「說難」篇則謂時主因受當塗之重人所浸淫，迷於文學虛談、往古傳譬之中，進說啓悟，極非易事。既明游說之難，同時指出游說成功之術。與韓非之思想悉相符合，且史遷稱其篇名，錄其全文於非傳之中，實無由以置疑者。然容肇祖韓非子考證疑之，以爲本篇言游說之術，與五蠹篇非游說之士相矛盾。疑係縱橫或游說家言混入韓非書中者。陳啓天韓非子校釋（註七）駁之云：

縱橫或游說家固講求游說之術，而法家亦多講求游說之術，以求易於進身。史記韓非傳云：「非見韓之削弱，數以書諫韓王，韓王不能用」，是韓非已感諫說之難矣。既感其難，因著斯篇。且本篇文字與五蠹、孤憤等極相類，不得以其各明一義，遂認爲矛盾而疑之也。

今按陳氏之言是也，此蓋韓非之代表作，史遷極稱許之者，實不容疑之也。

三、歷來無置疑之諸篇

1難勢：韓非先揭舉愼子之任勢而反對儒墨尙賢之理論，繼而提出韓非之自我主張，以爲愼到徒用自然之勢，尙不足爲治，宜益以人爲之勢以補偏救弊。其所謂之「人爲之勢」，即以「法」造成「勢」，而使天下大治也。此篇爲自來無人置疑者。

2問辯：本篇雖名爲「問辯」，然實際目的，不重在闡明辯說之緣何而生，而重在禁止不合法令、不符功用之辯說。本篇亦爲自來無人置疑者。

3詭使：主旨在說明「上之所貴與其所以爲治相反」、「下之所欲常與上之所以爲治相詭」。耕戰之士，乃國之賴以富強者，往往勞苦而貧賤；國之五蠹，反而安榮富貴。因提出「道私者亂，道法者治」之論以警世主。本篇亦從無疑其爲僞作者。

4六反：本篇韓非於世人所譽者及世人之所毀者中，各提出六種類型之人物，說明世之所譽者，即法之當罰者；世之所毀者，即法之當賞者。目的在點出世人之毀譽，不足爲賞罰之依據，亦警當時世主之論也。本篇亦爲自來無人置疑者。

5顯學：所謂顯學，即指儒、墨諸家在當時之受重視，有名聲而言者，儒、墨思想處處與法家對立，故韓非欲立法家之學，須先破受人重視之儒、墨。本篇亦從無置疑者。

6姦劫弒臣：雖容肇祖之多疑，亦以是篇爲可信，唯篇末一節亦見於楚策及韓詩外傳，疑此一節係從他書羼入者。

7南面：通篇所言，皆爲人君御臣之術，無可置疑處。末節文體與儲說相同，當係儲說之脫簡誤厠於此者也。

8難一、難二、難三、難四：容肇祖考證以淮南子齊俗訓引用難一晉平公與羣臣飲章，爲難一出於韓非手之旁證。其餘各篇出韓非手亦無可疑，難二、難三或偶有道家言，然以道家言充實己說，亦無由以置疑也。

四、雖疑而無有力證據之諸篇

1難言：劉汝霖周秦諸子考以篇中有「以智說愚，愚者難說」之語，不似人臣上書而疑之。門無子迂評注、陳啓天校釋以爲係韓非在秦獄中所作，不當疑之。

2二柄：梁啓超要籍解題及其讀法謂本篇「頗有膚廓語」，又謂「頗類管子中之一部分」，無有力之證據。

3八姦：梁啓超要籍解題及其讀法謂本篇「有膚廓語，頗類管子中之一部分」，容肇祖韓非子考證謂篇中有「其於德施也，縱禁財，發墳倉，利出於民者，必出於君，不使人臣私其德」之言，與難二篇非論「布施於貧家」之旨相反，而疑其爲僞。今按二柄篇韓非力主「刑」「德」之必操君手，不可旁落於臣手，則本篇之不背斯旨也明甚矣，故亦不足疑也。

4和氏：容肇祖韓非子考證以篇中有商君燔詩書而明法令之言而疑之，陳啓天韓非子校釋(註八)駁之云：

按商君曾否燔詩書雖無旁證，但商君反對詩書，則爲不可爭之事實，參閱商君書卽知。因其反對詩書，遂至有燔詩書之傳說。韓非未加深考，逕取傳說著之於文，此種事例，在韓非子書中實數見不尠也。若僅以此疑其爲僞，則證據未免過於薄弱矣。

今按陳氏之言是也，韓非書中諸多歷史寓言，雖時地人物稱述歷歷，然實不可作正史資料觀，徒爲爲文立論加重用語之力量耳。

5亡徵：容肇祖韓非子考證以本篇言及人主之孝與匹夫之孝，似受孝經之影響。本師潘石禪先生韓非著述考(註九)云：

按史記仲尼弟子列傳：「孔子以曾參能通孝道，故授之業作孝經。」又按呂覽察微篇已引孝經，則孝經必是韓非以前的儒家典籍，韓非行文屬辭，有受孝經影響之處，並不能作爲非韓非所作的理由。

今按通篇所言四十七種亡國之徵象，多與戰國時情況相合，而其「服術行法」之結論，固韓子之思想也，實無由以疑其爲僞矣。

6三守：容肇祖韓非子考證以本篇爲「疑而莫能定」，然無確證。陳啓天韓非子校釋(註一〇)

謂本篇爲一短論，文字甚爲簡明，思想系統亦與韓非相合。今按陳說是也。

7 備內：容肇祖韓非子考證以篇中有「日月暈圍於外，其賊在內，備其所憎，禍在可愛。」之語而疑其爲陰陽家之作。陳啓天韓非子校釋（註一一）駁之云：

不知此蓋成語，又見趙策，本篇引以證備內之必要，非以其爲陰陽家而取之也。

潘石禪師韓非著述考云：

案四句又見戰國策趙策四，當係本舊辭成文。卽使雜有陰陽家言，韓非也未嘗不可引用。

按陳氏與潘師之說是也。

8 飾邪：梁啓超要籍解題及其讀法以本篇爲「非早年上韓王書，多對時事發言」；容肇祖韓非子考證則以篇中有「秦拔鄴」之言，而拔鄴事在始皇十一年，非死於始皇十四年，則梁氏「早年上韓王書」之見非是。劉汝霖周秦諸子考下卷第十八章認爲篇中有「龐援揄兵而南則鄣盡矣」及「初時者，魏數年東鄉，攻盡陶衞；數年西鄉，以失其國」之言，可知本篇作者已見到趙、魏之滅亡，故其必爲僞作無疑，容肇祖考證頗是劉氏之說，潘石禪師駁之曰（註一二）：

認爲本篇作者曾見到趙魏的滅亡，這話是不確的。篇中說秦拔鄴，是趙悼襄王九年（秦王政十一年的事），是年，趙悼襄王卒，故說「趙以其大吉，地削兵辱，主不得意而死。」又「龐煖（盧文弨、顧廣圻均謂龐援卽龐煖）揄兵而南，則鄣盡矣。」史記燕世家敍述這事說：「燕見趙數困於秦，而廉頗去，令龐煖將也，欲因趙弊攻之，問劇辛，辛曰：龐煖易與耳。燕使劇辛將擊趙，趙使龐煖擊之，取燕軍二萬，殺劇辛。秦拔魏二十城，署東郡。十九年，秦拔趙之鄴九城，趙悼襄王卒。」可見「龐煖揄兵而南則鄗盡矣」的事實也在悼襄王卒以前。這證明作者上書時，趙並不曾滅亡。篇中又說：「初時者，魏數年東鄉，攻盡陶衞；數年西鄉，以失其國。」攻盡陶衞是魏安釐王的事（見有度篇），數年西鄉以失其國是魏景湣王事，也只是指景湣王失地，並非說魏國滅亡。據目前追說，所以特加「初時者」一詞。至於篇中有引先王的話，這也並無充分的理由（詳前有度篇）。所以我認爲這篇乃是韓非在秦始皇十一年以後上韓王的書奏，其他有度、忠孝二篇，據文章內容，似也是韓非上韓王書。

劉汝霖周秦諸子考又以本篇五次稱「先王」，引先王之法，與韓非子「不稱先王」之思想不合而疑爲僞作，容肇祖考證亦然其說，潘石禪師韓非著述考（註一三）駁之云：

首先，我們應看韓非發言的原意。韓非指斥「據先王、定堯舜」爲愚誣的話，是見於顯學篇（容先生引作五蠹篇，恐是誤記。）顯學篇說：「故孔墨之後，儒分爲八，墨離爲三，取舍相反不同，而皆自謂眞孔墨。孔墨不可復生，將誰使定儒墨之誠乎？殷周七百餘歲，虞夏二千餘歲，而不能定儒墨之眞，今乃欲審堯舜之道於三千歲之前，意者其不可必乎？無參驗而必之者，愚也。弗能必而據之者，誣也。故明據先王，必定堯舜者，非愚則誣也。顯學篇這番話，目的是在駁斥儒墨二家之學。儒墨二家俱道堯舜，而取舍不同，自然不免互相抵觸，互相水火，韓非正是利用儒墨間的矛盾，作爲攻擊儒墨的利器。他說「明據先王，必定堯舜者，非愚則誣」，乃是針對儒墨二家「皆自謂眞堯舜」的言論而發，並非是凡引用先王堯舜的言論行事，卽是「非愚則誣」。就以五蠹篇而論，這篇是被公認爲韓非所作的。然而五蠹篇卽有引用先王的話，它說：「且夫以法行刑而君爲之流涕，此以效仁，非以爲治也。夫垂泣不欲刑者，仁也；然而不可不刑者，法也。先王勝其法不聽其泣，則仁人之不可以爲治亦明矣。」

陳啓天韓非子校釋疑本篇云：

其一爲旣屢稱先王矣，又非言先王者，是不免矛盾矣。其二爲所述司馬子反之故事，又見於十過篇，而文亦全同。十過篇旣不無可疑，則此篇亦難斷言其出於韓非也。

吾友羅宗濤先生韓非學術源於老子說（註一四）駁之云：

按韓非所非在「舍法律而言先王」也。其稱先王者，稱先王之明法也；非先王者，非「舍法律而言先王」也，固未矛盾。又陳氏以子反一事見於十過篇而疑之，則又有不可，十過容或爲僞，然眞僞固可同舉一事，或僞者亦可錄眞者之一段。以彼僞而證此亦僞，理由似不足。

今按諸家所言，所在皆說明飾邪篇之不足疑也甚明矣。

9解老、喻老：胡適中國哲學史大綱、容肇祖韓非子考證，及蔣伯潛先生諸子通考，皆疑此二篇不出於韓非之手，蓋諸先生皆不以史遷韓非傳「歸本於黃老」之說爲是，因乃疑之。吾友羅宗濤先生作「韓非學術源於老子說」，論之甚詳，正本清源，理不可搖，尤深得乎韓非之心意，誠近年來考是書者之佳構也。章太炎先生云（註一五）：

凡周秦解故之書，今多亡佚，諸子尤寡。韓子獨有解老、喻老二篇，後有說老子者，宜據韓非爲大傳，而疏通證明之。……解老、喻老未嘗雜以異說，蓋其所得深矣。

韓非之言法術，皆以得之道家者爲多，細析通篇，二文皆與韓子思想合，故太炎先生稱之也如此，誠不可以僞篇疑之也。

10觀行：陳啓天韓非子校釋以篇中有「以道正己」、「因可勢，求易道」而疑之爲道家之言，非韓子之所作。今按以法爲治，趁勢用術，卽所謂「因可勢，求易道」之作爲，韓非思想本源於道家，襲其言而變通之，誠毋庸多疑者也。

11守道：容肇祖韓非子考證以爲篇中有「堯明於不失姦」爲「必定堯舜」而疑之。今按所謂「必定堯舜」之觀點，參閱前文「飾邪篇」所引潘石禪先生之駁語，則不攻自破矣。凡稱堯舜而盛稱其法之嚴，固韓非之本意也，豈得以是而疑之者乎？

12功名：容肇祖韓非子考證以篇首有「天時人心」乃道家之言而疑之，韓非學說旣源於老子（註一六），則有道家之言亦誠不必疑矣，且終篇爲重勢之論，固韓非之本心也。

13大體：容肇祖韓非子考證以篇中有「守成理，因自然，法如朝露，純樸不散」之語，疑以爲漢初道家之言。今按韓非學術既本源於老子，而戰國末期之去漢初，爲時未久，則漢初道家之言，固當近似戰國末期之道家者言也。以是觀之，則亦不足置疑矣。

14定法：容肇祖稱本篇（註一七）「是否韓非之文，疑未能定」，陳啓天韓非子校釋以爲本篇立意概括，用詞清晰，非韓子莫辦。故梁啓超先生先秦要籍解題及其讀法認本篇爲韓子最重要之一篇，胡適中國哲學史大綱亦以本篇爲可靠者。

15說疑：陳啓天韓非子校釋以爲首節之文，前後不甚相貫；自「又非其難者也」以上，似有他篇錯簡誤厠於此。又篇中有自稱爲臣者三，似爲上韓王書，既爲上書，而以論說文題「說疑」爲稱，似不相宜。唯本篇思想，合於韓非殆無可疑。潘石禪師（註一八）以爲本篇乃純粹之學術性論著。

16八說：陳啓天韓非子校釋謂本篇在思想上並無可疑，但以其爲一篇雜論，故稍欠連貫。

17八經：陳啓天校釋以爲本篇稍有脫誤，而其末句言賢知、言福善，不類法家語，想係原文有脫簡，後人增補，致用詞不甚洽而然。其他各節俱合韓非思想，絕無可疑云。

18愛臣：梁啓超要籍解題及其讀法以愛臣篇爲韓非早年上韓王書，多對時事發言。潘石禪師韓非著述考亦列斯篇爲「上韓王書」類中，並針對容肇祖考證所提三點疑議予以反駁，容氏以爲：第一、開首數句用韻，似與韓非通常所作文體不一致，且有必定的語氣。潘先生駁之，以爲任何作者作文，並非一成不變者，如荀子書以散文爲主，然成相篇卽是韻文。至「必定語氣」則五蠹篇屢屢可見，不足爲奇。第二、有些像脫胎於孟子的話。潘先生駁之以爲孟子旣在韓非之前，則韓非之受其若干影響並不足爲奇。第三、有些像是漢初人說的話。潘先生駁之以爲漢初與韓非爲時相去甚近，亦可謂漢初人之文筆像韓非。今按以各家之所論觀之，愛臣篇宜爲韓非之所作而無可疑者。

19主道：梁啓超要籍解題及其讀法以「主道多用韻，文體酷似淮南子」，胡適中國哲學史大綱謂「主道、揚搉諸篇，又是另一派法家所作」，容肇祖韓非子考證則以篇中所言虛靜之旨，近似司馬談「揚名法之要，以虛無爲本，以因循爲用」之道家，及班固所言「淸虛以自守，卑弱以自持」之道家。今按韓非學術本源於道家，凡虛靜無爲之說，爲道家主旨之一，至篇中言法言術，則尤非韓非手筆不能至此，而用韻之作，則先秦諸子散文中，每多偶有出現，非韓非所不可爲之者也。

20有度：梁啓超要籍解題及其讀法以爲本篇多膚廓語，胡適中國哲學史大綱則以爲韓非死時六國均不曾亡，而篇中所言有荆齊燕魏四國之亡。陳啓天校釋以爲篇中所謂之亡，或亡國云云，乃謂衰弱，非謂滅亡。劉汝霖周秦諸子考與容肇祖考證以爲篇中數稱先王而可疑，潘石禪師韓非著述考以爲篇中極論「以法治國」，正是韓非一貫之主張，至數稱先王（註一九），實與顯學（容氏誤記爲五蠹）篇中攻擊儒墨二家「皆自謂眞堯舜」之旨不同，故不可以此而疑之。

21揚搉：梁啓超、胡適皆疑之，其理與主道篇同，參見主道篇考證，則知本篇亦無可疑之點矣。

22心度：陳千鈞韓非子研究以爲「心度文字不類韓子，惟其旨與韓子合，故其徒收而爲一集」，容肇祖考證以爲本篇出於韓非之手。今按本篇文字雖不類五蠹、顯學，然主旨在明刑法之要，首言須明嚴刑以勸禁，次言法須與時爲轉移，末言鼓勵耕戰、堵塞私學，正韓非之思想也，至文字之不類五蠹，則早歲晚歲，凡人皆未必不易其文字技巧者，豈僅此而當疑之者乎。

23制分：陳啓天校釋謂本篇思想與韓子全合，惟文字不類韓子而可疑。今按文字技巧之演變，每因年齡而不同者，韓非書既非出於一時，則早歲晚歲容有不同也。

24存韓：徐文珊先秦諸子導讀（註二〇）云：

今按存韓篇只篇首至「不可悔也」三百十五字爲非著本文，以下爲時人記其事，並附李斯上韓王書，不當錄入非本文。另爲篇章，低格附正文後可也。或作注文附正文下，以別於原文，亦可。今誤連正文，非是。

今按徐說是也，本篇自篇首至「不可悔也」爲非著原文，則無由以置疑者也。

五、可疑而不易辨其眞僞之諸篇

1初見秦：本文又見於秦策，篇首冠有「張儀說秦王曰」之語，宋鮑彪注云：「此上元有張儀字，而所說皆儀死後事，故刪去」。篇中所言，勸秦滅韓；與存韓篇所言，勸秦存韓，前後牴觸，不似出於一人之手。後儒考其全文，以爲篇中所稱「大王」爲秦昭王，非於始皇十二年入秦，無由向昭王稱大王。以此疑之爲僞作者頗衆，獨今人徐文珊先秦諸子導讀以本篇爲韓非所作無疑，其言（註二）云：

> 今按細讀本文，存韓篇爲初入秦時所上。迨爲李斯所詬陷，繫獄久不得見秦王，始悟所以敗者以說秦存韓，乃由獄中上書自陳，請滅韓以求自解，觀初見秦篇首尾可知。如篇首曰：「臣聞不知而言不智，知而不言不忠。爲人臣不忠當死，言而不當亦當死。雖然，臣願悉言所聞，唯大王裁其罪。……」篇末曰：「臣昧死願望見大王，言所以破天下之從。舉趙亡韓，臣荆魏，親齊燕，以成霸王之名，朝四鄰諸侯之道。大王誠聽其說，一舉而天下之從不破，趙不舉，韓不亡，荆魏不臣，齊燕不親，霸王之名不成，四鄰諸侯不朝，大王斬臣以徇國，以戒爲王謀不忠者也。」按此明爲獄中自陳以求脫之言，殆非之絕筆也。編者列之首篇，殆未之思也。

以韓非精審於術之運用而論，臨終爲求自脫而出此言，雖與存韓篇矛盾，然於理不無可能也。

2十過：梁啓超要籍解題及其讀法云：

> 十過篇有膚廓語，頗類管子中之一部份，是否出於非手，不能無疑。

門無子韓子迂評以爲「語多枝冗，不及左氏遠矣」。容肇祖以「奚謂好音」一節，漫引傳說，爲弗能必而據之。劉汝霖周秦諸子考以本篇意少辭費，而「過而不聽忠臣」一節所述管仲事，與難一篇所論者矛盾，因斷爲僞作。陳啓天校釋云：

要之，本篇旨趣，大體與韓非思想似無不合，然語多枝冗，則不能令人無疑也。

今按本篇謂人主有十事之失，而每一事之皆足以危身亡國，與亡徵篇旨趣相若，惟本篇每一事皆舉古事以疏述十過之旨，則體例又類儲說，無論自文體及思想觀之，均可視爲韓非之作，至文辭枝冗云云，則早歲晚歲之作，自必有技巧上之區別者也。

3安危：容肇祖韓非子考證，以篇中有「先王寄理於竹帛」之言，乃「明據先王」；又有「堯無膠膝之約於當世而道行，舜無置錐之地於後世而德結」之語，爲「必定堯舜」。今按以通篇思想而論，似與韓非並無不合之處。

4用人：陳啓天校釋以本篇有「厲廉恥，招仁義」之語，與五蠹篇「仁義用於古不用於今」之言相反；又篇首有與飭令篇重出者，爲間有可疑之處。據通篇觀之，宜爲韓非之作而無可疑者，篇中所論用人須有客觀之法律標準，而不可以任心之喜怒爲取舍，立可爲之賞，設可避之罰，以結上下之恩，此非韓非莫能之論也。

5忠孝：太田方韓非子翼毳云：

本篇稱民爲黔首，始皇二十六年始更名曰黔首，而韓非死於始皇十四年，焉能稱秦制？是後人傳會之疏漏也。

今按本篇最可疑者爲稱「黔首」一事，然「黔首」之稱，周人已有，如禮祭義所云「以爲黔首則」是也，惟始皇二十六年始納入憲令，可為官家文書之通稱耳。又篇末一節非從橫，與全篇意旨絕不貫串，疑為他篇脫簡誤廁於此者。

6人主：松皐圓定本韓非子纂聞云：

此篇多與孤憤、二柄、和氏諸篇同者，蓋出後人之所附託也。

太田方韓非子翼毳云：

此篇多用愛臣、二柄、孤憤、五蠹、和氏、備內諸篇語，亦後人之增耳。

陳啓天韓非子校釋云：

本書早有脫佚，本篇蓋出於後人增輯，以足五十五篇之數者。

7飭令：篇中自「宜其能，勝其官」至「使人不同功，故莫爭」數語見於韓子用人篇外，餘皆與商君書靳令篇同，獨無靳令篇所論「六蝨」與「仁義」之言耳。靳令篇為僞作，自來已成定論，然是否出於韓非則殊為可疑。陳啓天校釋云：

本篇思想與商君近，而文字又有與靳令篇以外之商君書同者，此蓋後人讀商君書之筆記，而編校者以之入韓非子書耳。

8問田：本篇有稱韓非為「韓子」者，故陳啓天校釋以為本篇非出於韓子本人，殆無疑義。潘石禪師分韓子五十五篇為五類（註二三），本篇列入第五類「非韓非所著，門人附益者」之中。今按本篇為五十五篇中最可疑之一篇。

註一　見黃氏影宋鈔本「韓非子跋」。

註二　見古史辨第四冊。

註三　見學術世界第一卷第一期。

註四　見校釋三七八頁（民國五十八年五月臺灣商務版）。

註五　見校釋六一三頁。

註六　見韓非子選二一三頁（一九六五年九月中華書局版）。

註七　見校釋二六七——二六八頁。

註八　參見校釋二九三頁。

註九　潘先生韓非著述考在香港大學五十周年紀念論文集中（一九六六年出版）。

註一〇　見陳氏校釋八〇一頁。

註一一　見陳氏校釋一九五頁。

註一二　見潘先生韓非著述考。

註一三　其說在潘先生韓非著述考「有度篇」考證部分。

註一四　見國立臺灣師範大學國文研究所集刊第八號。

註一五　見國故論衡原道上。

註一六　見羅宗濤先生「韓非學術源於老子說」。

註一七　見古史辨第四冊容肇祖「韓非的著作考」。

註一八　見潘先生著「韓非著述考」。
註一九　參見前文「飾邪」篇考證中所論稱先王事。
註二〇　見先秦諸子導讀三三八頁（臺北幼獅書店民國五十三年版）。
註二一　見先秦諸子導讀三三八頁。
註二二　見潘先生著「韓非著述考」。

韓非子讀法 第二

壹、文體分類

欲讀其書，首當明其體裁內容之類別。

一、以內容性質分

1潘石禪師韓非著述考分五十五篇爲五類：

第一類，學術論著：

五蠹、顯學、孤憤、難一二三四、難勢、問辯、詭使、六反、八說、人主、心度、定法、姦劫弒臣、主道、揚搉、二柄、八姦、十過、和氏、觀行、安危、守道、用人、功名、大體、說疑、八經、制分、說難、亡徵、三守、備內、南面。

第二類，應用書牘：

(1)上秦王書：存韓。

(2)上韓王書：難言、愛臣、有度、飾邪、忠孝。

第三類，摘抄舊書雜記加以編纂而成者：

說林上、說林下、內儲說上、內儲說下、外儲說左上、外儲說左下、外儲說右上、外儲說右下。

第四類，鈔存舊書雜記誤爲非自著者：

初見秦、解老、喩老、飭令、姦刼弒臣篇後的附錄。

第五類，非韓非所著，門徒附益者：

存韓篇末所附李斯議書、問田篇。

2王煥鑣韓非子選分三十篇（註一）爲六類：

第一類：反映韓國當時之內外情勢，及法術之士欲改革當時政治之理論，於此可探索韓非思想產生之歷史根源。

五蠹、顯學、孤憤、說難、和氏、亡徵、存韓。

第二類：論法治之術，爲韓子書之本論部分。

定法、難勢、二柄、觀行、用人、大體、問辯、詭使、六反、心度。

第三類：論古事以明法術。

難一、難二、難三。

第四類：述傳說故事以明法術。

內儲說上、內儲說下、外儲說左上、外儲說左下、外儲說右上、外儲說右下。

第五類：傳說故事集，疑係韓非平時搜集之資料，爲從事論著之用者。

說林上、說林下。

第六類：傳注性之文字，於此可見法家與道家在學術思想上之關係。

解老、喻老。

二、以文章體裁分

黃秀琴女士韓非子學術思想（註二）分韓非之議論文爲四類（註三）：

第一類，解釋式之議論文：

解釋式之議論文，又略可分爲二類，其一爲推論性質之解釋式議論文，如解老、難言、說難等是。主旨在解釋若干論題中之涵義，或爲老子哲學中之若干思想概念說明定義。難言與說難則一面用推理說明論題，另一面又用具體事例說明論題。其二爲證明性質之解釋式議論文，如喻老、八姦、十過、亡徵等是。喻老之解釋方法不用推理性質，而用證明性質，所用以證明者，爲歷史事例。八姦之解釋雖較喻老抽象，然仍爲與喻老同一類型之議論文。十過爲十個假言判斷，亦採用歷史具體事例證明。亡徵以四十七個假言判斷構成，同時表示四十七個亡徵，其亡徵之概念，卽可視爲證明性質之內容。

第二類，演繹式之議論文：

主道，自基本概念——道——出發，而推演出「萬物」與「是非」，「事」與「言」，「形」與「名」，最終推衍至「賞」與「罰」。此外如：有度、愛臣、二柄、揚搉、和氏、姦刼弑臣、南面、人主、三守、觀行、備內、安危、飾邪、守道、用人、忠孝、心度、功名、大體、說疑、制分等均可歸入此一類型。

第三類，歸納式之議論文：

如內儲說上下、外儲說左上下、外儲說右上下等篇，選用若干具體事例以論證論題，各篇皆先有總綱，總綱下再分細目，每一細目均以若干具體事例以證明其議論之論題。

第四類，辯難式之議論文：

如難一二三四及難勢等是。每一論題均針對一具體事例而予以批判反駁，每一論題皆分兩部，前一部分爲甲方對某一事例之評價，後一部分爲乙方對甲方意見之批判及反駁。

三、以篇章結構分

本文作者嘗與所授學生共同討論（註四），採取衆議，以篇章結構之不同，而分韓子之文爲六類：

第一類，論述體：

如孤憤、顯學、五蠹、二柄、難言、大體、功名、六反、觀行、心度、有度、守道、初見秦、和氏、亡徵、說難等是。此爲韓子書之主幹部分，所佔篇章甚多，不備列舉。此類文章重在發抒其政治思想，說明法治理論。

第二類，論辯體：

如難一、難二、難三、難四、難勢等是。皆爲論難古事、古言之作，論文以「難」爲題，蓋始於韓非，其後卽成爲一種文體。宋本注云：「古人行事，或有不合理，韓子立義以難之」。韓非取歷史傳說中之故事與言論，加以反駁，或故設問對之詞而析其理，或責古人，或駁衆議，皆在闡明法家治國爲政之重點，論事析理，極見其思想之精密，兼以文辭強勁有力，流暢通達，且篇幅簡短，要言不繁，可朗朗上口而有鏗鏘舒順之感，實爲習作文章之典範也。

第三類，問答體：

如定法、問辯、問田諸篇是。此類文章爲自作問題，自加回答之作。先提「問者曰」，再接以「應之曰」或「對曰」之回答；或假借二人姓名，互相對問，於一對一答中，其主要目的亦在闡明韓非本人之學說。

第四類，連珠體：

包括內儲說上七術、內儲說下六微、外儲說左上、外儲說左下、外儲說右上、外儲說右下等六篇。其寫作之法，爲總挈大綱，後分敍條目，先立說，後舉例，虛實相證，敍議兼用，亦論說之一類也。舊本皆稱立說部分爲經，舉列部分爲傳，經傳爲一「統一體」，集若干故事於一篇之中，而故事又各自成章，先後相貫，脈絡相繫，此類文體演至漢代即成連珠體，故本文於韓子之文章分類亦命之爲「連珠體」。

第五類，故事體：

說林上、下是也。此爲韓非所滙集之古代民間傳說與歷史故事，「說」者「傳說」之言也；「林」者，集之如林之多也，「說林」以今語言之，即所謂「傳說故事集」也。梁啓超要籍解題及其讀法以爲「似是預備作內外儲說之資料」。其實非徒爲內外儲之資料而已，即其他論文，韓非亦習用寓言與故事，既可借故事以明示義理，亦可使文章生動多趣。此上下兩篇故事之總集，蓋韓子讀書及見聞之雜錄也。

第六類，解注體：

解老、喻老二篇是也。解老以義釋老子，喻老以事釋老子，解注之方法雖有不同，而同爲解注之體裁則無異。或釋老子各章之全章，或僅選一二句以釋之，而序次並未依據原文，惟每章均自爲起訖，凡所闡釋均在發揮虛靜、無爲、自然之要旨，雖亦合乎道家思想，要亦以法家立場以解注者也。

貳、全書之寓言

以寓言說明史事，諷喻人情，警世諷俗，論事析理，既能發人深思，尤能鞭辟入裏，讀韓非書，誠不可以不留意於此也。

一、直敘性之寓言：直敘故事，事理昭然

1楊布易衣：（說林下）

楊朱之弟楊布衣素衣而出，天雨，解素衣，衣緇衣而反。其狗不知而吠之，楊布怒，將擊之。楊朱曰：「子毋擊也，子亦猶是。曩者使汝狗白而往，黑而來，子豈能毋怪哉？」

2子胥出走：（說林上）

子胥出走，邊候得之。子胥曰：「上索我者，以我有美珠也；今我已亡之矣，我且曰：子取吞之。」候因釋之。

3曾子殺彘：（外儲說左上）

曾子之妻之市，其子隨之而泣。其母曰：「女還，顧反爲女殺彘。」妻適市來，曾子欲捕彘殺之。妻止之曰：「特與嬰兒戲耳。」曾子曰：「嬰兒非與戲也。嬰兒非有知也，聽父母之教。今子欺之，是教子欺也。母欺子而不信其母，非以成教也。」遂烹彘也。

4箕子失日：（說林上）

紂爲長夜之飲，懽以失日；問其左右，盡不知也。乃使人問箕子，箕子謂其徒曰：「爲天下之主，而一國皆失日，天下其危矣；一國皆不知而我獨知之，吾其危矣。」辭以醉而不知。

上舉四則，皆爲直敍性質之故事，而作者所寓於故事中之深意，只須畢讀故事，則寓意盡得，其表達之法，不取言外之意，不作深隱之義，敍事既竟，其理亦明，此卽直敍性之寓言也。

二、況喻性之寓言；以此況彼，理在喻中

1守株待兎：（五蠹）

宋人有耕田者，田中有株，兎走觸株，折頸而死，因釋其耒而守株，冀復得兎，兎不可復得，而身爲宋國笑。

此以喻時變事遷，尙死守古法而不知轉移之頑固思想。

2郢書燕說：（外儲說左上）

郢人有遺燕相國書者，夜書，火不明，因謂持燭者曰：「舉燭」，云而過書「舉燭」，「舉燭」非書意也。燕相受書而說之，曰：「舉燭者，尙明也。尙明也者，舉賢而任之。」燕相白王，大說，國以治。治則治矣，非書意也。今世學者多似此類。

此以喻後世學者於古代典籍之穿鑿附會，妄言曲解，其理與郢書燕說同。

3頰且下走：（外儲說左上）

齊景公游少海，傳騎從中來謁曰：「嬰疾甚，且死，恐公後之。」景公遽起。傳騎又至。景公曰：「趨駕煩且之乘，使騶子、韓樞御之。」行數百步，以騶爲不疾，奪轡代之御。可數百步，以馬爲不盡，釋車而走。以煩且之良，而騶子、韓樞之巧，而以爲不如下走也。

此以喻人情急躁之時，感覺多誤，致以速者爲緩，反以緩者爲速也。

4播吾人跡：（外儲說左上）

趙主父令工施鉤梯而緣播吾，刻疏人迹其上，廣三尺，長五尺，而勒之曰：「主父常游於此。」

此以喻古史之記載，先王之賦頌，鐘鼎之銘刻，皆如播吾山上之足跡，虛妄而不可信者也。

三、說理性之寓言：故事淺近，奧理蘊焉

1壞墻亡財：（說難）

宋有富人，天雨墻壞。其子曰：「不築，必將有盜。」其鄰人之父亦云。暮而果大亡其財，其家甚智其子，而疑鄰人之父。

此蓋說明人之親疏有別，感情迥異，同作一語，理亦同致，然親者愈見愛，而疏者反見疑，所謂「非知之難也，處知則難也。」其是之謂也。

2自相矛盾：（難勢）

客有鬻矛與楯者，譽其楯之堅：「物莫能陷也。」俄而又譽其矛曰：「吾矛之利，物無不陷也。」人應之曰：「以子之矛，陷子之楯，何如？」其人弗能應也。

此蓋說明人世間兩不相容之學說，則不可兩譽之也，若兩譽之，則成矛楯之說也。

3 茲鄭引輦：（外儲說右下）

茲鄭子引輦上高梁而不能支。茲鄭據軾而歌，前者止，後者趨，輦乃上。使茲鄭無術以致人，則身雖絕力至死，輦猶不上也。

此蓋說明以術致人之要也。凡以術致人者，皆可無為而治，垂拱以成大業，術之於所事之要，於此亦可知矣。

4 子夏自勝：（喻老）

子夏見曾子，曾子曰：「何肥也？」對曰：「戰勝，故肥也。」曾子曰：「何謂也？」子夏曰：「吾入見先王之義則榮之，出見富貴之樂又榮之，兩者戰於胸中，未勝負，故臞。今先王之義勝，故肥。」是以志之難也，不在勝人，在自勝也。

此蓋說明利祿與仁義之交戰於胸臆，其能自勝者則強，自勝，即克己復禮之謂也。

四、諷刺性之寓言：譏諷愚行，反映現實

1 大魚河伯：（內儲說上）

齊人有謂齊王曰：「河伯，大神也，王何不試與之遇乎？臣請使王遇之。」乃為壇場大水之上，而與王立之焉，有閒，大魚動，因曰：「此河伯。」

此乃譏刺時主之僅信任一人之言者，故爲一人所蔽，尚不自知也。

2 度足買履：（外儲說左上）

鄭人有且置履者，先自度其足，而置之其座，至之市而忘操之。已得履，乃曰：「吾忘持度。」反歸取之。及反，市罷，遂不得履。人曰：「何不試之以足？」曰：「寧信度，無自信。」

此蓋譏刺頭腦僵化之人，刻板而可笑，人之類此者，都不自知。自知之難，亦可知矣。

3 縱鼈飲水：（外儲說左上）

鄭縣人乙子妻之市，買鼈以歸，過潁水，以爲渴也，因縱而飲之。遂亡其鼈。

此蓋譏刺泥於同情之人，往往自誤其事。不知物類之性，不能因時因地以制其宜，故後果多類此。

4 棘端刻猴：（外儲說左上）

宋人有請爲燕王以棘刺之端爲母猴者，必三月齋然後能觀之。燕王因以三乘養之。左御冶工言王曰：「臣聞人主無十日不燕之齋。今知王不能久齋，以觀無用之器也，故以三月爲期。凡刻削者，以其所以削必小。今臣，冶人也，無以爲之削，此不然物也。王必察之。」王因囚而問之，果妄，乃殺之。冶人又謂王曰：「計無度量，言談之士，多棘刺之說。」

此蓋諷刺好奇之人，往往授人以欺我之機，燕王以好微巧之故，其為宋人所欺，亦宜然矣。

五、警世性之寓言：揭舉通病，至理警人

1不死之道：（外儲說左上）

客有教燕王不死之道者，王使人學之，所使學者未及學而客死。王大怒，誅之。王不知客之欺己，而誅學者之晚也。

世人多信不然之物，其如燕王之信不死之道者然，韓子曰：「且人所急，無如其身，不能自使其無死，安能使王長生哉。」

2濫竽充數：（內儲說上）

齊宣王使人吹竽，必三百人。南郭處士請為王吹竽，宣王說之，廩食以數百人。宣王死，湣王立，好一一聽之，處士逃。

無能以竊位者，其後果多若是，欺人可一時，而不可一世；可欺一人，未必可欺多人，君子其誡之哉。

3吳起吮疽：（外儲說左上）

吳起為魏將而攻中山，軍人有病疽者，吳起跪而自吮其膿。傷者之母立泣，人問曰：「將軍於若子如是，尙何為而泣？」對曰：「吳起吮其父之創而父死，今是子又將死也，吾是以泣。」

受人之惠，不敢不報，此良心使然也。將軍而愛士如此，其士不敢不力戰而至死。故人不可輕易受人之惠也。

4 諱疾忌醫：（喻老）

扁鵲見晉桓公，立有閒，扁鵲曰：「君有疾在腠理，不治將恐深。」桓侯曰：「寡人無疾。」扁鵲出，桓侯曰：「醫之好治不病以爲功。」居十日，扁鵲復見，曰：「君之病在肌膚，不治將益深。」桓侯不應。扁鵲出，桓侯又不悅。居十日，扁鵲復見曰：「君之病在腸胃，不治將益深。」桓侯又不應。扁鵲出，桓侯又不悅。居十日，扁鵲望桓侯而還走。桓侯故使人問之。扁鵲曰：「疾在腠理，湯熨之所及也；在肌膚，鍼石之所及也；在腸胃，火齊之所及也；在骨髓，司命之所屬，無奈何也。今在骨髓，臣是以無請也。」居五日，桓侯體痛，使人索扁鵲，已逃秦矣。桓侯遂死。

方人之疾未深也，一則諱言之，再則以爲無大礙，稍俟時日，病即自愈，殊不知養之既久，病乃愈深，終至於不可治，此則諱疾忌醫之患也，可不愼之者乎？

六、誡俗性之寓言：薄俗荼民，誡人深愼

1 齊俗厚葬：（內儲說上）

齊國好厚葬，布帛盡於衣衾，材木盡於棺槨。桓公患之，以告管仲曰：「布帛盡則無以

爲蔽，材木盡則無以爲守備，而人厚葬之不休，禁之奈何？」管仲對曰：「凡人之有爲也，非名之，則利之也。」於是乃下令曰：「棺槨過度者戮其尸，罪夫當喪者。」夫戮尸，無名，罪當喪者，無利。人何故爲之也。

厚葬而至於布帛、材木俱盡，亦可謂傷財過甚矣。布帛、材木俱爲生活之資，今盡爲死人而枯竭，則此俗之傷民也至矣，可不誡之者乎？

2 服喪毀身：（內儲說上）

宋崇門之巷人服喪而毀甚瘠，上以爲慈愛於親，舉以爲官師。明年，人之以毀死者，歲十餘人。子之服親喪者，爲愛之也，而尚可以賞勸也，況君上之於民乎？

服喪而哀傷過甚，以至使身毀體瘠，此亦過矣；哀而至於身死，以成里巷之俗，則尤爲大過，此宜深誡之也。

3 隱惡揚善：（內儲說上）

江乙爲魏王使荆，謂荆王曰：「臣入王之境內，聞王之國俗，曰：『君子不蔽人之美，不言人之惡。』誠有之乎？」王曰：「有之」，「然則若白公之亂，得無危乎？誠得如此，臣免死罪矣。」

以其國有隱惡之俗，故陰事謀亂之類，皆無人舉發，終至釀爲大亂，則如楚之白公是也。至人臣之罪惡無人揭舉，則其國將永無死罪之事矣。隱惡之俗，是否有當，其理甚明也。

4舉國服紫：（外儲說左上）

齊桓公好服紫，一國盡服紫。當是時也，五素不得一紫。桓公患之，謂管仲曰：「寡人好服紫，紫貴甚，一國百姓好服紫不已，寡人奈何？」管仲曰：「君欲止之，何不試勿衣紫也。謂左右曰：『吾甚惡紫之臭。』於是左右適有衣紫而進者，公必曰：『少却，吾惡紫臭。』」公曰：「諾。」於是日，郎中莫衣紫；其明日，國中莫衣紫；三日，境內莫衣紫也。

君之所好，民好之；君之所惡，民亦惡之。國俗之成，君以先導之者，可毋愼乎？

叁、如何讀韓子

一、文體性質

韓非子五十五篇中，多爲先有題後有文，結構緊嚴，說理明透之理論文，與論、孟之零章短簡絕不同科；而文字之淺白顯明，易於誦讀，則又與老莊之隱晦虛玄，不易把握，迥乎大異。就體裁而言，多爲說理敘事而作，而無抒情遣懷之筆，故於文字風格而論，亦但見理論而難逢情感者，此與韓非之思想性格爲人作風有關故也。

二、爲研究韓非思想而讀

宜自五蠹、顯學、孤憤、說難、和氏、亡徵、定法、難勢、姦劫弒臣、二柄、觀行、大體、心度、六反、詭使、問辯、用人諸篇讀起，蓋諸篇皆爲韓非抒發思想之重要篇章，而結構亦純爲論說體裁，既爲思想精華之所在，亦政治學說及法術主張之所寓處，如欲把握韓非之學術思想，以上諸篇，當應先讀，且宜細析深體之也。

三、爲學習作文而讀

韓子書之理論文，誠可爲後世習文者之典範，以說理之明透、詞氣之有力而論，則如說難及難一、難二、難三、難四諸篇爲不可不讀之作品，作文而以「難」爲題，實始於韓子，至後世乃自成一體。其文之長處在據古事以評其是非得失，終而使欲發之理論，的然現於讀者之思想中。無論敍事析理，駁斥古人，俱見其思想之精密，用詞之鍊達，既可訓練吾人之思想，亦可爲論辯之典範，故論「難」爲不可不讀之篇章也。其餘如五蠹、顯學、孤憤等，亦論說文之上乘作品，俱宜熟讀之也。

四、爲文學欣賞而讀

純自文學觀點以視韓非之作品，亦大有可取之處，如說林及內外儲說諸篇，以韓非本身而言，各篇自有其欲表達之主題，然純以故事、寓言及文藝之觀點而論，其寓意之發人深思；故事之生動活潑，引人入勝；所描繪之人物，皆躍然紙上，而眞切可遇者，誠後世散文之濫觴也。既可學習其描繪之手法，亦可師法其敍述之技巧，於學習記敍體文而論，實爲不可不讀之篇章也。

五、爲明周秦解詁而讀

韓子有解老、喻老兩篇，爲周秦解詁之作之僅存者，若欲明周秦解詁之方式，以探訓詁之源流，則解老、喻老二篇不可不讀矣。章太炎先生云（註五）：

> 凡周秦解故之書，今多亡佚，諸子尤寡，老子獨有解老、喻老二篇，後有說老子者，宜據韓非爲大傳而疏通證明之。其賢於王輔嗣遠矣。韓非他篇亦多言術，由其所習不純。然解老、喻老未嘗雜以異說，蓋其所得深矣。

即以校勘而論，據解老、喻老以校今傳老子，亦爲不可忽視之重要資料也。

六、爲習歷史掌故而讀

韓非作文，善以故事寓言以襯托事理，故其全書之歷史掌故特多。其所舉歷史故事，固不可悉作正史觀，然亦略可補正史之所無也。時序遷變，朝代更易，年代曠遠，古事之可考者已甚寡少，讀韓子而可獲知他書所未知之歷史掌故，則亦讀此書之一大收穫也。

註一　王氏書僅選取五十五篇之三十篇。參見王氏選本「前言」中「選註體例」。

註二　一九六二年臺北華僑出版社出版。

註三　參見「韓非學術思想」一六三——一六七頁。

註四　南洋大學各學科均設有討論課，此爲作者於一九六八——六九年指導新加坡南洋大學中文系選修韓子課之學生，討論所得之部分結論。

註五　見章先生國故論衡原道上。

韓非子之學術淵源及思想體系 第三

壹、喜刑名法術之學

一、刑名之學

太史公云（註一）：「韓非者，韓之諸公子也。喜刑名法術之學，而其歸本於黃老。」又謂韓非爲（註二）「引繩墨，切事情，明是非」者，則知韓非受名家之影響也必深。刑名或作形名，其義無別，韓非之「形名參同」、「按實考形」，理論本原於名家，以其運用之於政治，則爲法術中之權術也。漢書藝文志名家以鄧析、尹文居首，玆略述二家之學與韓非思想相關者於後，惟鄧析、尹文之書，後世多疑之，然其思想近於韓非，則爲不辯之事實也。

1 鄧析：春秋鄭大夫，治名家之言，改鄭所鑄刑書，別造竹刑，駟歂殺之而用其竹刑；一說子產殺之。著鄧析子二篇，鄧析思想之與韓非相通者有：

(1)造竹刑：鄧析改鄭所鑄刑書，別造竹刑（註三），此蓋成文法之先導，韓非所謂「憲令著於官府」（定法），或卽受其開啓而然者也。

(2)覈名實：鄧析子轉辭篇云：

循名責實，實之極也。按實定名，名之極也。參以相平，轉而相成，故謂之刑名。

今按韓非極重形名相參，所謂「形名參同」、「按實考形」者，或卽受鄧析之影響也。

(3)論威勢：鄧析子無厚篇云：

勢者君之輿，威者君之策……勢固則輿安，威定則策勁。

今按韓非之論勢，雖云本原於愼子，實亦受影響於鄧析也。

2尹文：戰國齊人，莊子天下篇與宋鈃並稱，說苑載其與宣王問答，而呂覽則又載其與湣王問答，殆宣王時之稷下士，至湣王時猶在世也。著尹文子二篇，旨在陳治道而自處於虛靜，核萬事萬物之名實，以求形名之參同。其思想之與韓非相近者爲：

(1)正名實：尹文子大道上云：

名者，名形者也；形者，應名者也。然形非正名也，名非正形也，則形之與名，居然別矣，不可相亂，亦不可相無。無名，故大道無稱；有名，故名以正形。今萬物具存，不以名正之則亂；萬名具列，不以形應之則乖，故形名不可不正也。

今按韓非主張「審合刑名」、「言、事、功須相當」(二柄)，其說與尹文無二致，蓋亦不無受其影響也。

(2)守法度：尹文子大道上云：

故人以度審長短，以量受多少，以衡平輕重，以律均清濁，以名稽虛實，以法定治亂，以簡治煩惑，以易御險難，以萬事皆歸於一；百度皆準於法。歸一者，簡之至；準法者，易之極。如此，頑嚚聾瞽，可以察慧聰明同其治也。

今按韓非所謂「使中主守法術，拙匠守規矩尺寸，則萬不失矣。」(用人)其理同此。

(3)專勢術：尹文子大道上云：

術者，人君之所密用，羣下不可妄窺；勢者，制法之利器，羣下不可妄爲。人君有術，而使羣下得窺，非術之奧者；有勢，使羣下得爲，非勢之重者。大要在乎先正名分，使不相侵雜，然後術可必，勢可專。

今按韓非特重乘勢用術以御羣臣，而勢之威，術之不欲見，與尹文之論無二，此亦名家之影響韓非處也。

(4)用政奇：尹文子大道下云：

老子曰：以政治國，以奇用兵，以無事取天下。政者，名法是也，以名法治國，萬物所不能亂；奇者，權術是也，以權術用兵，萬物所不能敵。凡能用名法權術，而矯抑殘暴之情，則已無事焉；已無事，則得天下矣。

今按以名法治國，固韓非思想之要耑，卽以權術用兵，亦韓非所熟論者，如內儲說上「吳起以術攻秦小亭」，說林下「荆伐陳，吳救之」等，均係以術用兵之說，此亦尹文之影響韓非處也。

二、法術前輩

太史公謂韓非「喜刑名法術之學」，刑名論者之早於韓非者，已如前述。至「法術」之學，則韓非自亦有所宗本也，早於韓非之名世法術前輩，計有以下數家，茲略述如後。韓非爲綜合法術之大家，對前期諸法術家之學說，固有取舍上之有限度繼承，然亦可知前期諸法術家對韓非之確有影響也。

1管仲：名夷吾，春秋齊之潁上人，相齊桓公，覇諸侯，通貨積財，富國裕民；修政整軍，强兵强國。九合諸侯，一匡天下（註四）。所著管子一書，至今可見。其治國也，於法術之外，又兼論禮義廉恥，主寬猛相濟，理法並用，與後世純用嚴刑酷法之法家不同，其要點可分述如下：

(1)尊君：

安國在乎尊君。（管子重令篇）

生法者君也。（管子任法篇）

道德賞罰出於君。（管子君臣篇上、下）

(2)重法：

夫法者，所以興功懼暴也。(管子七臣七主篇)尺寸也，繩墨也。規矩也，衡石也，斗斛也，角量也，謂之法。(管子七法篇)

是故先王之治國也，不淫意於法之外，不爲惠於法之內，動無非法者，所以禁過而外私也。(管子明法篇)

(3)乘勢：

人主者，擅生殺，處威勢。(管子明法解篇)

尊君卑臣，非計親也，以勢勝也。(管子明法篇)

(4)操柄：

明主之所操者六：生之、殺之、富之、貧之、貴之、賤之。此六柄者，主之所操也。(管子任法篇)

今按管子上述四點主張，於韓非之影響極深，尊君重法固法家之基本思想，而乘勢、操柄亦韓非所熟論者，韓子書有「二柄」篇，所舉刑德兩大權，與管子六柄並無二致，其「生之、富之、貴之」卽韓子所謂之「德」；其「殺之、貧之、賤之」卽韓子所謂之「刑」也。自韓子五蠹篇所謂「今境內皆言治，藏商管之法者家有之。」及內外儲說、說林諸篇之多引管仲之言觀之，韓非之受管仲影響之深，已甚明顯矣。

2子產：卽春秋鄭大夫公孫僑，約與孔子同時，而後於管仲百餘年，卒於周景王二十三年。

執政於鄭國，鑄刑書，作丘賦（註五）。外與強鄰周旋，內則革新政治，二十餘年間，使一荏弱之鄭國，得以堅強自保。其治績與思想之影響於韓非者，當亦頗深。單就韓非子內外儲說及難三所舉有關子產之數事以觀之，亦可見其受影響之梗概矣。玆列舉如下：

(1)嚴刑：

子產相鄭，病將死，謂游吉曰：「我死後，子必用鄭，必以嚴莅人。夫火形嚴，故人鮮灼；水形懦，故人多溺。子必嚴子之刑，無令溺子之懦。」（內儲說上）

(2)安內：

子產相鄭，簡公謂子產曰：「飲酒不樂，俎豆不大，鍾鼓竽瑟不鳴，寡人之事也。國家不定，百姓不治，耕戰不輯睦，亦子之罪。子有職，寡人亦有職，各守其職。」子產退而爲政五年，國無盜賊，道不拾遺，桃棗蔭於街者莫有援也，錐刀遺道三日可反，三年不變，民無養也。（外儲說左上）

(3)忠君：

子產者，子國之子也。子產忠於鄭君，子國譙怒之，曰：「夫介異於人臣，而獨忠於主，主賢明，能聽汝；不明，將不汝聽。聽與不聽，未可必知，而汝已離於羣臣。離於羣臣，則必危汝身矣；非徒危己也，又且危父矣。」（外儲說左下）

(4)知姦：

有相與訟者，子產離之，而無使得通辭，倒其言以告而知之。（內儲說上）

鄭子產晨出，過東匠之閭，聞婦人之哭，撫其御之手而聽之。有閒，遣吏執而問之，則手絞其夫者也。異日，其御問曰：「夫子何以知之？」子產曰：「其聲懼。凡人於其親愛也，始病而憂，臨死而懼，已死而哀。今哭已死，不哀而懼，是以知其姦也。」（難三）

今按「子產晨出」一章，韓非以其不合法術之旨趣，而以老子之「以智治國，國之賊也」批判之，唯其批判，更能反證韓非受子產之影響也。

3李悝：戰國魏人，一作里悝，相魏文侯，作盡地力之教（註六），又創平糴法，以爲糴甚貴傷人，甚賤傷農，使糴者以歲熟之上中下爲衡，取有餘，補不足，故雖遇饑饉水旱，糴不貴而民不散，行之魏國，國以富強。又撰次諸國法，著法經（註七），以爲王者之政，莫急於以法治國。法經計分盜法、賊法、囚法、捕法、雜法、具法等六篇。其以法治國，固影響韓非至深，即其重視耕戰之民，亦爲韓非所本。韓非於內儲說上「李悝爲魏文侯上地之守，而欲人之善射也」一章中，則又批評李悝，無論自推重與批評正反兩面觀之，皆可知韓非係深受李悝所影響者也。

4吳起：戰國衞人，初爲魯將，繼爲魏將與西河守，其後又爲楚悼王相。以兵家名於時（註八），然相楚悼王時，任法而治，故亦爲法家前輩。著書四十八篇，漢志錄入兵家。韓非子五蠹篇云：「境內皆言兵，藏孫吳之書者家有之。」則吳起書於時之頗爲流行可知也。其治績之影響於韓非者，有以下數端：

(1)愛士：

吳起爲魏將而攻中山，軍人有病疽者，吳起跪而自吮其膿。傷者之母立泣，人問曰：「將軍於若子如是，尚何爲而泣？」對曰：「吳起吮其父之創而父死，今是子又將死也，吾是以泣。」（外儲說左上）

(2)明法：

吳起爲魏武侯西河之守，秦有小亭臨境，吳起欲攻之。不去，則甚害田者；去之，則不足以徵甲兵。於是乃倚一車轅於北門之外，而令之曰：「有能徙此南門之外者，賜之上田上宅。」人莫之徙也。及有徙之者，還賜之如令。俄又置一石表於東門之外，而令之曰：「有能徙此於西門之外者，賜之如初。」人爭徙之。乃下令曰：「明日且攻亭，有能先登者，仕之國之大夫，賜之上田上宅。」人爭趨之。於是攻亭，一朝而拔之。（內儲說上）

(3)整治：

昔者吳起教楚悼王以楚國之俗，曰：「大臣太重，封君太衆；若此，則上偪主而下虐民，此貧國弱兵之道也。不如使封君之子孫三世而收爵祿，絕滅百吏之祿秩，損不急之枝官，以奉選練之士。」悼王行之期年而薨矣。（和氏）

5 商鞅：衞之庶公子，名鞅而姓公孫氏，少好刑名之學（註九），受李悝、吳起之影響頗深。初事魏相公叔痤爲中庶子，其後入秦謁孝公，勸以變法，孝公大悅，於是「定變法之令，令民爲什伍，而相收司連坐，不告姦者腰斬，告姦者與斬敵同賞，匿姦者與降敵同罰」（註一〇）。其影響於韓非者，有以下數端：

(1)事因於世：

禮法以時而定，制令各順其宜，兵甲器備，各便其用。臣故曰：「治世不一道，便國不必法古。」（商君書更法篇）

(2)棄智務力：

民愚則知可以王，世知則力可以王。……故神農教耕而王天下，師其知也；湯武致彊而征諸侯，服其力也。（商君閉塞篇）

(3)任法重刑：

立法明分，中程者賞之，毀公者誅之。當誅之法，不失其義，故民不爭。（商君書修權篇）

立君之道，莫廣於勝法；勝法之務，莫急於去姦；去姦之本，莫深於嚴刑。（商君書閉塞篇）

(4)重視耕戰：

凡人主之所以勸民者，官爵也；國之所以興者，農戰也。今民求官爵，皆不以農戰，而以巧言虛道。此謂勞民，勞民者，其國必無力；無力者，其國必削。（商君書農戰篇）

先王反之於農戰，故曰：百人農，一人居者，王；十人農，一人居者，彊；半農半居

者，危。（商君書農戰篇）

商君之法曰：「斬一首者，爵一級；欲爲官者，爲五十石之官。斬二首者，爵二級；欲爲官者，爲百石之官。」（韓非子定法篇）

(5)去辯非修：

國有禮、有樂、有詩、有書、有善、有修、有孝、有弟、有廉、有辯，國有十者，上無使戰，必削，死亡；國無十者，上有使戰，必興，至王。國以善民治姦民者，必亂，至削；以姦民治善民者，必治，至強。國用詩、書、禮、樂、孝、弟、善、修治者，敵至必削國，不至必貧國。不用八者治，敵不敢至，雖至必却。興兵而伐，必取，取必能有之；按兵而不攻，必富。（商君書去強篇）

(6)申不害：京人也，故鄭之賤人，學術以干韓昭侯，昭侯用以爲相，內修政教，外應諸侯，十五年，終申子之身，國治兵強，無侵韓者（註一一）。申子言術，韓非受其影響極深，韓非子定法篇特舉申子使昭侯用術之事，其意以爲申子用術治國，誠爲治強之本務，可惜當時韓國之憲令尚新故並用，雜亂而不統一，故雖用術而姦臣猶有所譎其辭，不能見其大效，然韓非之重術，則係直承申子蓋無疑者也。

(7)愼到：趙人，遊齊之稷下，學黃老道德之術，著十二論（註一二）。蔣伯潛先生諸子通考云：「愼子者，道法二家遞嬗之轉捩也。」莊子天下篇謂愼到「知萬物皆有所可，有所不可。故曰選則不徧，教則不至，道則無不至矣」。蓋與莊子齊物論概念同，其與道家之關繫密切可知也。然自道家之思想落實，而後生法家之學說，故謂愼子之主張乘勢用法爲「道法二家遞嬗之轉捩」，蓋有得之言也。韓非子難勢篇特舉愼到之「勢」以論之，以爲「用勢」除須因於自然之勢而外，更須以人爲之勢以濟之，如是則人主可垂拱以治天下，不必勞神苦思，以智治事矣。此即「無爲」說落實後之概念，亦道家爲法家所用之理也。以「定法篇」觀之，韓非之受愼到影響極深可知也。

貳、歸本於黃老

一、因自然

韓非旣因襲道家「法自然」之思想，然又化其自然爲必然，而導其道德以成法術，此則使道家玄妙之道落實，而成必定之法則也。其因自然而化之之跡，如：

上不天則不徧覆；心不地則物不畢載。太山不立好惡，故能成其高；江海不擇小助，故能成其富。故大人寄形於天地而萬物備；歷心於江海而國家富。上無忿怒之毒；下無伏怨之患，上下交順，以道爲舍，故長利積，大功立，名成於前，德垂於後，治之至也。（韓非子大體篇）

宋人有爲其君以象爲楮葉者，三年而成。豐殺莖柯，毫芒繁澤，亂之楮葉之中而不可別也。此人遂以功食祿於宋邦。列子聞之曰：「使天地三年而成一葉，則物之有葉者寡矣。」故不乘天地之資而載一人之身，不隨道理之數而學一人之智，此皆一葉之行也。故多耕之稼，后稷不能羨也；豐年大禾，臧獲不能惡也。以一人力，則后稷不足；隨自然則臧獲有餘。故曰：「恃萬物之自然而不敢爲也。」（喻老）

大體篇所謂之「守成理，因自然」，外儲說右下所謂之「因事之理，則不勞而成」，皆化自然爲必然之論也。其論必然之理云：

不隨適然之善，而行必然之道。（顯學）

夫聖人之治國，不恃人之爲吾善也，而用其不得爲非也。（顯學）

明主者，不恃其不我叛也，恃吾不可叛也；不恃其不我欺也，恃吾不可欺也。（外儲說左下）

其因自然而成必然之法，又可見以下一段之說明：

聞古之善用人者，必循天順人而明賞罰。循天則用力寡而功立，順人則刑罰省而令行，明賞罰則伯夷、盜跖不亂；如此則白黑分矣。（用人）

其所謂自然，卽不用心智以妄測，而用客觀之法度，凡是非功過，皆以客觀之法衡量之，此爲最自然之量度法，亦卽化自然爲必然之法也。故曰：

釋法術而任心治，堯不能正一國；去規矩而妄意度，奚仲不能成一輪；廢尺寸而差短

長，王爾不能半中，使中主守法術，拙匠守規矩尺寸，則萬不失矣。（用人）

其法制之原則，蓋因循「自然」以成者，其所謂自然，蓋爲落實之自然，其言云：

明主立可爲之賞，設可避之罰，故賢者勸而不見子胥之禍，不肖者少罪而不見傴剖背，盲者處平而不遇深谿，愚者守靜而不陷險危。如此，則上下之恩結矣。（用人）

二、虛靜無爲

老子第十六章有云：致虛極，守靜篤，萬物並作，吾以觀復。夫物芸芸，各歸其根。歸根曰靜，是謂復命。復命曰常，知常曰明。不知常，妄作凶。

韓非以爲人主之必須虛靜無爲，蓋因君臣之間，非父子之親，無非計數之所出而已。若不虛靜無爲，則人主之好惡顯現，爲羣臣所利用；而人主之力不敵衆，智不盡物，則雖竭盡其智力，亦不能成勝衆之資，唯無爲虛靜而後可成其大事。其言云：

人主者，利害之軺轂也。射者衆，故人主共矣。是以好惡現，則下有因，而人主惑矣。辭言通，則臣難言，而主不神矣。（外儲說右上）

道者，萬物之始，是非之紀也。是以明君守始，以知萬物之原；治紀，以知善敗之端。故虛靜以待之，令名自命也，令事自定也。虛則知實之情，靜則知動者正。有言者自爲名，有事者自爲形，形名參同，君乃無事焉，歸之其情。故曰：君無見其所欲，君見其所欲，臣將自雕琢；君無見其意，君見其意，臣將自表異。（主道）

田子方向唐易鞠曰：「弋者何愼？」對曰：「鳥以數百目視子，子以二目御之，子謹周子廩。」田子方曰：「善，子加之弋，我加之國。」鄭長者聞之曰：「田子方知欲為廩，而不知所以為廩；夫虛無無見者，廩也。」（外儲說右上）

明主，其務在周密，是以喜見則德償，怒見則威分，故明主之言，隔塞而不通，周密而不見。故以一得十者，下道也；以十得一者，上道也。明主兼行上下，故姦無所失。（八經）

故其特重「虛靜無為」之為用，以順乎自然為其處世之方，至富國治民，一皆本於此理。其言云：

鏡執淸而無事，美惡從而比焉；衡執正而無事，輕重從而載焉。（飾邪）

託天下於堯之法，則貞士不失分，姦人不徼幸，寄千金於羿之矢，則伯夷不得亡，而盜跖不敢取。堯明於不失姦，故天下無邪；羿巧於不失發，故千金不亡。孫吳之略廢，盜跖之心伏。人主甘服於玉堂之中，而無瞋目切齒傾取之患；人臣垂拱於金城之內，而無扼腕聚脣嗟唶之禍。（守道）

物各有其專用，人各有其專長。發揮物之專用，善使人之專長，則盡其用而顯其功，而人主可垂拱於玉堂中，毋庸勞神苦思而可得其大成，此則韓非將道家抽象之虛靜無為化為落實之法術之用也。

三、去智去巧

老子第十九章云：

絕聖棄智，民利百倍；絕仁棄義，民復孝慈；絕巧棄利，盜賊無有。此三者以爲文不足，故令有所屬。見素抱樸，少私寡欲。

韓非承道家之學，師其意而落實之，亦主去除心智巧思，但以客觀之法度以衡量是非，則俗可齊而國可治矣。其言云：

去好去惡，臣乃見素；去智去舊，臣乃自備。故有智而不以慮，使萬物知其處；有行而不以賢，觀臣下之所因；有勇而不以怒，使羣臣盡其武。是故去智而有明，去賢而有功，去勇而有強。羣臣守職，百官有常，因能而使之，是謂習常。（主道）

聖人之道，去智與巧；智巧不去，難以爲常。民人用之，其身多殃；主上用之，其國危亡。因天之道，反形之理，督參鞫之，終則有始。（揚搉）

其論子產之察姦以智，以爲多事而無術。其言云：

子產之治，不亦多事乎？姦必待耳目之所及而後知之，則鄭國之得姦者寡矣。不任典成之吏，不察參伍之政，不明度量，恃盡聰明，勞智慮而以知姦，不亦無術乎？且夫物衆而智寡，寡不勝衆；寡不勝衆者，言智不足以徧知物也，故因物以治物。下衆而上寡，寡不勝衆；寡不勝衆者，言君不足以徧知臣也，故因人以知人。是以形體不勞而事治，智慮不

用而姦得。(難三)

智巧徒足自累耳，焉得以治事哉？人之生於世也，渺如滄海之一粟，欲知之理無盡，而以人之能力所可知者，則不及萬之一焉，故用智用巧，徒自煩勞。道家知乎此理，故去智去巧，而不使累吾心，韓非襲之以爲治政之資，則其法可萬全而易成矣。

四、圖難於易

老子六十三章云：

> 圖難於其易，爲大於其細。天下難事，必作於易；天下大事，必作於細。

韓非師習道家之意，發揮其理，使之落實，而成其圖難於易之學，其言云：

> 有形之類，大必起於小；行久之物，族必起於少。故曰：「天下之難事必作於易，天下之大事必作於細。」是以欲制物者，於其細也。故曰：「圖難於其易也，爲大於其細也。」千丈之隄，以螻蟻之穴潰；百尺之室，以突隙之煙焚。故白圭之行隄也，塞其穴；丈人之慎火也，塗其隙。是以白圭無水難，丈人無火患。此皆慎易以避難，敬細以遠大者也。(喻老)

故其論舜之化歷山之農者，改河濱之漁者，變東夷之陶者，三年已三過，蓋不知圖難於易之過也。其言云：

> 且夫以身爲苦而後化民者，堯舜之所難也；處勢而矯下者，庸主之所易也。將治天下，釋

庸主之所易，道堯舜之所難，未可與爲政也。（難一）

故其駁仲尼「政在悅近來遠」云：

明君見小姦於微，故民無大謀；行小誅於細，故民無大亂。所謂「圖難於其所易也；爲大於其所細也。」（難三）

又論法之以其重禁其輕云：

古之善守者，以其所重，禁其所輕；以其所難，止其所易。故君子小人俱正，盜跖與曾史俱廉。何以知之，夫貪盜不赴谿而掇金，赴谿而掇金，則身不全；賁育不量敵則無勇名，盜跖不計可則利不成。（守道）

公孫鞅之法也，重輕罪。重罪者，人之所難犯也；而小過者，人之所易去也。使人去其所易，而無離其難，此治之道。夫小過不生，大過不至，是人無罪，而亂不生也。（內儲說上）

殷之法，棄灰於公道者，斷其手。子貢曰：「棄灰之罪輕，斷手之罰重，古人何太毅也？」曰：「無棄灰，所易；斷手，所惡也。行所易，不關所惡；古人以爲易，故行之。」（內儲說上）

五、適應時變

莊子天運篇云：「禮義法度者，應時而變者也。」秋水篇云：「堯舜讓而帝，之噲讓而絕；

湯武爭而王，白公爭而滅。由此觀之，爭讓之禮，堯桀之行，貴賤有時，未可以爲常者也。」韓非因於道家「適應時變」之論，更發揮之，而成其爲後世稱道之「歷史進化」理論。其言云：

文王行仁義而王天下，偃王行仁義而喪其國，是仁義用於古而不用於今也。故曰「世異則事異」。當堯之時，有苗不服，禹將伐之，舜曰：「不可，上德不厚而行武，非道也。」乃修教三年，執干戚舞，有苗乃服。共工之戰，鐵銛短者及乎敵，鎧甲不堅者傷乎體。是干戚用於古不用於今也。故曰：「事異則備變」。（五蠹）

夫古今異俗，新故異備，如欲以寬緩之政，治急世之民，猶無轡策而御駻馬，此不知之患也。（五蠹）

今有搆木鑽燧於夏后之世者，必爲鯀禹笑矣；有決瀆於殷周之世者，必爲湯武笑矣；然則今有美堯舜禹湯武之道於當今之世者，必爲新聖笑矣。是以聖人不期修古，不法常可，論世之事，因爲之備。（五蠹）

惟其深明適應時變之重要，故其論法，亦特重法禁之適應時變。其言云：

治民無常，惟法爲治，治與時轉則治，治與世宜則有功。故民樸而禁之以名則治，世知而維之以刑則從。時移而治不易者亂，能衆而禁不變者削。故聖人之治民也，法與時移而禁與能變。（心度）

叁、師事荀卿

史記韓非傳云：韓非與李斯俱事荀卿，斯自以爲不如非。韓非既受荀子之學，則荀子思想之影響韓非也必深，茲分析荀子學說與韓非思想有關者，約略有以下數端。

一、性惡論

荀子主張人之性惡，其善者出於人爲，故欲隆禮義以矯之。其言云：

人之性惡，其善者僞也。今人之性，生而有好利焉，順是，故爭奪生而辭讓亡焉。生而有疾惡焉，順是，故殘賊生而忠信亡焉。生而有耳目之欲，有好聲色焉，順是，故淫亂生而禮義文理亡焉。然則從人之性，順人之情，必出於爭奪，合於犯分亂理，而歸於暴。（荀子性惡篇）

韓非子受其教，深受影響，以爲人性既惡，故凡謀事處人，無非相互利用而已，非出於善性之相助也。故韓非以爲人皆唯利是圖，利用外別無道義之可言。其說云：

且父母之於子也，產男則相賀，產女則殺之。此俱出父母之懷衽，然男子受賀，女子殺之者，慮其後便，計之長利也。故父母之於子也，猶用計算之心以相待也，而況無父母之澤乎？（六反）

人爲嬰兒也，父母養之簡，子長而怨；子壯盛成人，其供養薄，父母怒而誚之。子父至

親也，而或誚或怨者，皆挾相爲，而不周於爲己也。（外儲說左上）

父母之於子女之親尚且如此，其餘可知矣。故韓非子全書，論君臣、夫婦、主傭，諸凡百業之所事，皆以性惡出發，謀其私利而已，德惠道義蓋虛言也。

二、隆禮義

人性旣惡，則矯治之者，唯有禮義而已，故荀子熟論禮義之重要。其說云：

古者聖王以人性惡，以爲偏險而不正，悖亂而不治。是以爲之起禮義，制法度，以矯飾人之情性而正之，以擾化人之情性而導之也。始皆出於治，合於道者也。（荀子性惡篇）

禮起於何也？曰：人生而有欲，欲而不得，則不能無求，求而無度量分界，則不能不爭，爭則亂，亂則窮。先王惡其亂也，故制禮義以分之，以養人之欲，給人之求；使欲必不窮於物，物必不屈於欲，兩者相持而長，是禮之所起也。（荀子禮論篇）

單以禮之表面意義而言，其爲一種莊嚴肅穆之形式，亦爲一種方正規則之制度，故可限制人之所爲，使納入正軌。韓非受此說之影響，則更進而深論其形式制度，而代之以嚴峻刻峭之法術，韓子法術之論，通篇可見，玆不贅錄之矣。

三、法後王

儒家言必稱堯舜，蓋爲託古立像，樹一理想中之至善標準，故稱美先王，未必史之有徵，實乃「想當然耳」之假託手段，唯荀子思想步入知識論之境界，以爲先王之爲時久遠，於史無徵，故獨主棄先王而法後王。荀子非相篇云：

聖王有百，吾孰法焉？故曰文久而息，節族久而絕，守法數之有司，極禮而褫。故曰欲觀聖王之跡，則於其粲然者矣，後王是也。彼後王者，天下之君也。舍後王而道上古，譬之猶舍己君而事人之君也。

韓非師承荀學，一變其法後王之說爲歷史進化之論，進而以爲先王後王皆不可法。其言云：

今儒墨皆譽「先王兼愛天下，則視民如父母」，何以明其然也？曰：「司寇行刑，君爲之不舉樂，聞死刑之報，君爲流涕。」此所譽先王也。垂涕不欲刑者，仁也；然而不可不刑者，法也。先王勝其法，不聽其泣，則仁之不可以治亦明矣。（五蠹）

孔子、墨子俱道堯舜，而取舍不同皆自謂眞堯舜，堯舜不復生，將誰使定儒墨之誠乎？殷周七百餘歲，虞夏二千餘歲，而不能定儒墨之眞，今乃欲審堯舜之道於三千歲之前，意者其不可必乎？（顯學）

韓非以爲儒墨皆不顧現實之急需，只空言上古之傳譽，古聖王之成功，於當世並無益處可言，故以爲先王後王皆不可法，當前之急務，只須視當前之實況以定之。故曰：

然則今有美堯舜禹湯武之道於當今之世者，必爲新聖笑矣。（五蠹）

後王云者，蓋指「文武」也，五蠹篇以文王未得天下，故獨稱「武王」而未舉「文王」，文武之道既不可於今世稱美之，則唯視現實之急需而因時因事以求制宜也。故其言云：

是以聖人不期修古，不法常可，論世之事，因爲之備。（五蠹）

此外荀子又論及「法以輔禮」、「通權用法」（議兵篇）、「正名定分」（正名篇）、「明辨天人」（天論篇）等理論，其說皆以「知識論」之思想法則出之，其影響及韓非者，則成就其「法術論」、「刑名說」、「科學觀」，此則見下文韓非之政治思想，科學思想足矣。

肆、儒墨思想之反動

儒墨二家思想之爲韓非所取襲者，並非無之，如荀子之性惡、隆禮、正名、用法等。墨家之尙同、功利、審法、察姦等，皆爲韓非所師襲者。惜二家於春秋戰國之際，其於治民經國，俱無可稱舉之實蹟可言，故韓子以爲「以寬緩之政，治急世之民，猶無轡策而御駻馬」（五蠹），實爲不智之患，因乃主張可生速效之法術，以求富國強兵。故儒墨二家之說，韓非特舉其「寬緩」、「不效」之諸耑以反駁之，以爲醒悟世主，警惕時君之資。其實韓子因儒墨思想之反動而產生新觀念，正是儒墨思想予韓子之深刻影響處。名爲攻之，實則隆之。此亦可見儒墨思想在當時流布之普遍，影響之深遠矣。玆約略舉出二家思想促使韓非反響之要點，論列如下：

一、仁義學說之反動

仁義之行，雖經聖人苦心闡發，冀欲以此化民成俗，以爲治平萬世之基礎，奈何其修之也難，而其見效也寡，故韓非以其無急效可言而非議之。其言云：

人之情性莫愛於父母，皆見愛而未必治也。雖厚愛矣，奚遽不亂？今先王之愛民，不過父母之愛子，子未必不亂也，則民奚遽治哉？且夫行刑而君爲之流涕，此以效仁，非以爲治也。夫垂泣不欲刑者，仁也；然而不可不刑者，法也。先王勝其法，不聽其泣，則仁之不可以爲治亦明矣。且民者固服於勢，寡能懷於義。仲尼，天下聖人也，修行明道，以游海內，海內說其仁，美其義，而爲服役者七十人。蓋貴仁者寡，能義者難也。故以天下之大而服役者七十人，而爲仁義者一人。魯哀公，下主也，南面君國，境內之民莫敢不臣。民者固服於勢，勢誠易以服人。故仲尼反爲臣，而哀公顧爲君；仲尼非懷其義，服其勢也。故以義，則仲尼不服哀公；乘勢，則哀公臣仲尼。（五蠹）

慈母之於弱子也，愛不可爲前。然而弱子有僻行，使之隨師；有惡病，使之事醫。不隨師，則陷於刑；不事醫，則疑於死。慈母雖愛，無益於振刑救死，則存子者非愛也。子母之性，愛也；臣主之權，筴也。母不能以愛存家，君安能以愛持國？明主者，通於富強，則可以得欲矣。故謹於聽治，富強之法也。明其法禁，察其計謀。法明，則內爲變亂之患；計得，則外無死虜之禍。故存國者，非仁義也。（八說）

其餘韓子之論仁義不效者，在在可見，諸如難一篇「晉文公將與楚人戰」章、「歷山之農侵畔」章、「桓公見小臣稷」章等，皆爲非論仁義者，而以五蠹、顯學、詭使、六反諸篇尤爲深闢入裏，此處不煩贅述矣。

二、人治主義之反動

儒家於政治主張人治，所謂「舉直錯諸枉，能使枉者直」（論語爲政）是也。人治主義須具備二條件，一須有德，二須有能。此與墨家之「尙賢」主義，並無二致。故人治主義之反動，亦卽墨家尙賢主義之反動也。所謂「人治」，卽所謂「賢人政治」，賢人不可多得，而天下之大，生民之衆，又不可棄而不治，故賢人政治不易實現。韓非見儒家人治主義之不效，墨家尙賢主義之無成，乃轉而專尙法治，使法一立，舉國遵守之，雖中主愚臣，亦可使天下大治，則人亡政息之患不生矣。故其言曰：

世之治者，不絕於中，吾所以爲言勢者，中也。中者，上不及堯舜，而下亦不爲桀紂，抱法處勢則治，背法去勢則亂。（難勢）

夫勢之足用亦明矣，而曰：「必待賢」，則亦不然矣。且夫百日不食，以待粱肉，餓者不活；今待堯舜之賢，乃治當世之民，是猶待粱肉而救餓者之說也。（難勢）

且夫賢之所以爲賢，亦非無所不能者，設其不得法術之要，雖賢亦未必能治。故云：

去規矩而妄意度，奚仲不能成一輪；廢尺寸而差短長，王爾不能半中。使中主守法術，拙匠守規矩尺寸，則萬不失矣。君人者，能去賢巧之所不能，守中拙之所萬不失，則人力盡而功名立。（用人）

而賢人亦未必爲可信之對象，蓋人無不好利者，私心旣起，則其賢反適足爲治政者之患耳。故曰：

人主有二患，任賢則臣將乘於賢以刼其君，妄舉則事沮不勝。(二柄)

於此亦可知賢人政治之不可深賴之矣。

三、德化教育之反動

韓非以爲，人旣無不好利者，故德化爲最不可賴，蓋人性本惡，德行不能常服於心，雖善如曾子、史魚，其心亦未必可賴，唯一槪以法準之，始可靠而有效。其言云：

夫陳輕貨於幽隱，雖曾、史可疑也；懸百金於市，雖大盜不取也。不知，則曾、史可疑於幽隱；必知，則大盜不取懸金於市。故明主之治國也，衆其守而重其罪，使民以法禁而不以廉止。母之愛子也倍父，父令之行於子者十母；吏之於民無愛，令之行於民也萬父。母積愛而令窮，吏用威嚴而民聽從，嚴、愛之筴，亦可決矣。(六反)

法之爲道，前苦而長利；仁之爲道，偷樂而後窮。聖人權其輕重，求其大利，故用法之相忍，而棄仁人之相憐也。(六反)

今有不才之子，父母怒之弗爲改，鄕人誚之弗爲動，師長敎之弗爲變。夫以父母之愛，鄕人之行，師長之智，三美加焉，而終不動，其脛毛不改。州部之吏，操官兵，推公法，而求索姦人，然後恐懼，變其節，易其行矣。故父母之愛，不足以敎子，必待州部之嚴刑者，民固驕於愛，聽於威矣。(五蠹)

又「歷山之農者侵畔」，「河濱之漁者爭坻」，「東夷之陶者器苦窳」，舜各親往以與共事各一期年，而後已其三過，仲尼歎曰：「舜其信仁乎！乃躬處苦而從之。故曰：聖人之德化乎！」韓非駁之云：

且舜救敗，期年已一過，三年已三過，舜有盡，壽有盡，天下過無已者；以有盡逐無已，所止者寡矣。賞罰使天下必行之，令曰：「中程者賞，弗中程者誅。」令朝至暮變，暮至朝變，十日而海內畢矣，奚待期年？（難一）

德化之不如法術遠甚，於此亦可知矣。

四、託古主義之反動

儒墨二家，均言必稱堯舜，託古以稱美先王，韓非以爲古事渺不可測，雖或有史籍記載，然史籍亦未必可靠，故主張因時以制宜，不期修古，不法常可，論世之事，而爲之備。其言云：

殷周七百餘歲，虞夏二千餘歲，而不能定儒墨之眞，今乃欲審堯舜之道於三千歲之前，意者其不可必乎？無參驗而必之者，愚也；弗能必而據之者，誣也。故明據先王，必定堯舜者，非愚則誣也。愚誣之學，雜反之行，明主弗受也。（顯學）

趙主父令工施鉤梯而緣播吾，刻疏人跡其上，廣三尺，長五尺，而勒之曰：「主父常游於此」。（外儲說左上）

明爲施鉤梯而刻鏤之人跡，竟可誣爲「常游於此」，則先王傳譽之不可信必矣，故韓非不信古，但論今也。

五、辯辭巧說之反動

春秋戰國之時賢學者，都以辭說爲尙，孟子曰：「予豈好辯哉？予不得已也。」（孟子滕文公下），墨子書亦以「三辯」名篇，蓋當時游說之士輩出，各以己身之所學，欲以說動世主時君，以干其利祿，故「辯詞巧說」，遂爲一時之所尙。韓非以爲時人之辯詞，徒以文飾眩人而已，於實際政治，蓋爲無補者也，故韓非對巧辯之士深痛惡絕之，以爲唯有切實以法術爲務，方可於短期之內挽救家國之危亡。其言云：

上古競於道德，中世逐於智謀，當今爭於氣力。齊將伐魯，魯使子貢說之。齊人曰：「子言非不辯也，吾所欲者土地也，非斯言所謂也。」……以是言之，夫仁義辯智，非所以持國也。（五蠹）

所謂智者，微妙之言也。微妙之言，上智之所難知也；今爲衆人法，而以上智之所難知，則民無從識之矣。故糟糠不飽者，不務粱肉；裋褐不完者，不待文繡。夫治世之事，急者不得，則緩者非所務也。今所治之政，民間之事，夫婦所明知者不用，而慕上智之論，則其與治反矣。故微妙之言，非民務也。（五蠹）

今人主之於言也，說其辯而不求其當焉；其於行也，美其聲而不責其功焉。是以天下之衆，其談言者務爲辯而不周於用。故「舉先王、言仁義」者盈廷，而政不免於亂。（五蠹）

今世儒者之說人主，不言今之所以爲治，而語已治之功；不審官法之事，不察姦邪之情，而皆道上古之傳譽，先王之成功。儒者飾辭曰：「聽吾言，則可以霸王」，此說者之巫祝，有度之主不受也。（顯學）

羣臣爲學，門子好辯，大商賈外積，小民右仗者，可亡也。（亡徵）

辭辯而不法，心智而無術，主多能而不以法度從事者，可亡也。（亡徵）

辭言雖辯，而其無用也如此，則辯詞巧說之無益於功用也，可知矣。然亦偶有發生功用者，此則如「郢書燕說」之爲用，巧合而已，非論者之誠能中的而生功用也。故其言云：

今聽言觀行，不以功用爲之的彀，言雖至察，行雖至堅，則妄發之說也。是以亂世之聽言也，以難知爲察，以博文爲辯；其觀行也，以離羣爲賢，以犯上爲抗。人主者說辯察之言，尊賢抗之行，故夫作法術之人，反取舍之行，別辭爭之論，而莫爲之正。是以儒服帶劍者衆，而耕戰之士寡；堅白無厚之辭章，而憲令之法息。故曰：「上不明則辯生焉。」（問辯）

語曲牟知，僞詐之民也，而世尊之曰：「辯智之士。」（六反）

因當時君主特尊辯智之士，而辯智之士又以儒墨爲多，故曰：「儒服、帶劍者衆，而耕戰之士寡。」此則韓非以爲國不富、治不強之主因也。

六、羣俠私劍之反動

凡豪勇任俠之士，皆出自墨者，彼以私劍誅殺私仇，以法令而言，誠爲犯法違令之行，然時主與羣臣均高其行而嘉其勇，一時蔚爲風氣，於是私門蓄劍客、養勇士之俗起，此與法治理論，正相牴觸，故韓非深切痛恨豪俠之風，而力主法術之治。其言云：

行劍攻殺，暴憿之民也，而尊之曰：「磏勇之士」；活賊匿姦，當死之民也，而世尊之曰：「任譽之士」。(六反)

是以儒服帶劍者衆，而耕戰之士寡。(問辯)

其帶劍者，聚徒屬，立節操，以顯其名，而犯五官之禁。(五蠹)

儒以文亂法，俠以武犯禁，而人主兼禮之，此所以亂也。夫離法者罪，而諸先生以文學取；犯禁者誅，而羣俠以私劍養。故法之所非，君之所取；吏之所誅，上之所養也。法、取、上、下，四相反也，而無所定，雖有十黃帝，不能治也。(五蠹)

唯其如此，故韓非稱儒、俠爲蠹民，以爲欲國富兵強，必須廢此蠹民，行其法治，否則雖有破亡之國，削滅之朝，亦勿怪矣。

伍、當時社會之孕育

一種思想及學說之發生，必有其社會環境爲基礎者，思想家非憑空肊造其學說理論者，蓋以社會環境之需要，國家政治之需待整飭，人民之急待解救，凡此背景，以促使思想家之百般思考，以圖救世救民，然後乃產生其思想學說。韓非號稱爲「法家思想之集大成者」，其學說尤重與現實配合，以適應現實之需求，故其思想與當時社會、經濟、政治之需要爲密切結合而不可分離者，故如欲明瞭韓非思想之背景，除前述各節之學術淵源體系外，尤須明瞭戰國時代之社會實況。茲分述如下：

一、仁義喪而強權起

周代自平王東遷以來，王權已不爲諸侯所重，天子乃名存實亡，春秋初期，諸侯強大，政由五伯，其後則政在大夫，乃至於陪臣執國命，仁義道德已置諸腦後，賴一國之強力，互相攻伐，故有三家之分晉，田氏之篡齊，故孔子慨嘆當時之政情曰：

> 天下有道，則禮樂征伐，自天子出；天下無道，則禮樂征伐，自諸侯出。自諸侯出，蓋十世希不失矣；自大夫出，五世希不失矣；陪臣執國命，三世希不失矣。天下有道，則政不在大夫；天下有道，則庶人不議。（論語季氏）

封建制度至於春秋，已成有名無實。時至戰國，更由封建政治蛻化爲君主政治，形成七雄互爭之紛亂局面，國與國之間，但論強權，而不復留情於道義矣。故司馬遷云：

> 陪臣執政，大夫世祿，六卿擅晉權，征伐會盟，威重於諸侯。及田常殺簡公而相齊國，諸侯晏然弗討，海內爭於戰功矣。三國終之卒分晉，田和亦滅齊而有之。六國之盛，自此始。務在強兵幷敵，謀詐用而從衡短長之說起，矯稱蠭出，誓盟不信，雖置質剖符，猶不

能約束也。（史記六國表）

顧亭林先生論春秋戰國之政情云：

> 春秋時猶尊禮重信，而七國則絕不言禮與信矣。春秋時猶宗周王，而七國則絕不言王矣。春秋時猶嚴祭祀，重聘享，而七國則無其事矣。春秋時猶論宗姓氏族，而七國則無一言及之矣。春秋時猶宴會賦詩，而七國則不聞矣。春秋時猶有赴告策書，而七國則無有矣。邦無定交，士無定主，此皆變於一百三十三年之間，史之闕文，而後人可以意推者也。不待始皇之一併天下，而文武之道盡矣。（日知錄）

七國既棄絕仁義禮信，自然而成弱肉強食之時代，國之無力者，但有俯首受人宰割之分，因而各國爲謀求自立，均銳意革新，自力圖強，以求生存與發展。而謀略之士，因而羣起以投時君之所好。韓非既生於戰國後期，眼見秦孝公用商鞅變法之特顯功效，因乃致力研究，殫思竭慮，以成其所謂「集法家之大成」之學說。

二、韓國之處境

韓非之祖國爲韓國，韓國原爲晉卿，史記韓世家云：

> 韓之先，與周同姓，姓姬氏。其後苗裔事晉，得封於韓原，曰韓武子。武子後三世有韓厥，從封姓爲韓氏。韓厥卽韓獻子也，傳至宣子，徙居州；至貞子又徙平陽；及景侯，得列爲諸侯，徙陽翟；至哀侯而與趙魏共分晉，始成韓國，乃徙都於鄭。

韓既立國，地方不足千里，東有齊，南鄰楚，西界強秦，北望趙魏，於七雄之中，韓最弱小。先天既已不足。後天又乏整飭，雖至昭侯時用申不害爲相，略有起色，然申子徒知用術而不一其法，故亦僅能自保而已。方此之時，秦有事於六國，韓輒首當其害；六國有事於秦，而韓又往往爲其先驅，故七國之中，亦以韓國之處境爲最難。韓非子云：

韓事秦三十餘年，出則爲扞蔽，入則爲席薦，秦特出銳師取地而韓隨之，怨懸於天下，功歸於強秦。且夫韓入貢職，與郡縣無異也。夫韓，小國也，而以應天下四擊，主辱臣苦，上下相與同憂久矣。（存韓）

兼因當時遊說之士蠭起，而能顯示其急效者蓋寡，韓國外則爲合縱連橫所苦，內又庸主悍臣用事，韓非生當斯時此國，見祖國之了無振興氣象，乃悉心研究，以成其用法術治國之理，可惜其說未爲時君所用，故於其書中，抗聲高呼，再三致意，如孤憤、和氏、顯學、五蠹、六反、亡徵、說難等諸篇之中，皆爲其祖國之政情以抱無涯之戚者也。以當時之社會風氣，棄仁義禮信於不顧，但見權詐法術之見效，而韓國既處於「人爲刀俎，我爲魚肉」之劣境，韓非之力倡以法術治國，不重以仁義化民，亦理之當然者矣。

註一　見史記老莊申韓列傳。

註二　見史記韓非傳。

註三　事見左傳定公九年「鄭駟歂殺鄧析而用其竹刑」。

註四　詳見史記管晏列傳。
註五　事見左傳昭公六年。
註六　見漢書食貨志。
註七　參見晉書刑法志。
註八　見史記吳起列傳。
註九　參見史記商君列傳。
註一〇　參見史記商君列傳。
註一一　見史記申不害列傳。
註一二　見史記愼到列傳。

韓非子之政治思想 第四

壹、法論

一、法之界說

自秦孝公用商鞅變法以來，法之效果已顯而易見，且法治可見速效，用以治急世之民，最切於用；禮則寬緩而難見效，欲以振起一近於衰亡之國，幾爲無效可期者。韓非既明鑑於此，故力主以法治國，其所論「法」之含義，有以下三耑可資稱述者：

法者，憲令著於官府，刑罰必於民心；賞存乎愼法，而罰加乎姦令者也：此臣之所師也。

（定法）

法者，編著之圖籍，設之於官府，而布之於百姓者也。故法莫如顯。是以明主言法，則境內

卑賤莫不聞知也。（難三）

法不阿貴，繩不撓曲。法之所加，智者弗能辭，勇者弗敢爭。刑過不避大臣，賞善不遺匹夫。故矯上之失，詰下之邪，治亂決繆，絀羨齊非，一民之軌，莫如法。（有度）

以此三耑觀之，韓非所謂法之含義，可歸納爲以下數要點：

1成文：憲令著於官府，編著之圖籍。

2公布：布之於百姓。境內卑賤莫不聞知。

3至正：法之所加，智者弗能辭，勇者弗敢爭。

4絕對：刑罰必於民心。

5合理：賞存乎愼法，罰加乎姦令。

6公平：刑過不避大臣，賞善不遺匹夫。

二、法之特性

1客觀而有準：

今天下無一伯夷，而姦人不絕世。故立法、度量。度量信，則伯夷不失是，而盜跖不得非；法分明，則賢不得奪不肖，強不得侵弱，衆不得暴寡。託天下於堯之法，則貞士不失分，姦人不徼幸；寄千金於羿之矢，則伯夷不得亡，而盜跖不敢取。（守道）

釋法術而任心治，堯不能正一國；去規矩而妄意度，奚仲不能成一輪。（用人）

釋儀的而妄發，雖中小不巧；釋法制而妄怒，雖殺戮而姦人不恐。罪生甲，禍歸乙，伏怨乃結。故至治之國有賞罰而無喜怒，故聖人極；有刑法而無螫毒，故姦人服。發矢中的，賞罰當符，故堯復生，羿復立。（用人）

2用衆而舍寡：

夫聖人之治國，不恃人之爲吾善也，而用其不得爲非也。恃人之爲吾善也，境內不什數；用人不得爲非，一國可使齊。爲治者，用衆而舍寡，故不務德而務法。夫必恃自直之箭，百世無矢；恃自圜之木，千世無輪。自直之箭，自圜之木，百世無有一，然而世皆乘車射禽者，何也？隱栝之道用也。雖有不恃隱栝而自直之箭，自圜之木，良工弗貴也。何則？乘者非一人，射者非一發也。不恃賞罰而自善之民，明主弗貴也。何則？國法不可失，而所治非一人也。故有術之君，不隨適然之善，而行必然之道。（顯學）

3平等而普遍：

明主使法擇人，不自舉也；使法量功，不自度也。能者不能弊，敗者不能飾，譽者不能進，非者弗能退，則君臣之間，明辨而易治，故主讎法則可也。（有度）

法不阿貴，繩不撓曲，法之所加，智者弗敢辭，勇者弗敢爭，刑過不避大臣，賞善不遺匹夫。（有度）

三、法之創制

1創制之因由：因人性既惡，良心不足以自治，德化不足以防幽隱之行，故需以法治之，其言云：

夫姦必知則備，必誅則止；不知則肆，不誅則行。夫陳輕貨於幽隱，雖曾、史可疑也；懸百金於市，雖大盜不取也。不知，則曾、史可疑於幽隱；必知，則大盜不取懸金於市。故明主之治國也，衆其守而重其罪，使民以法禁，而不以廉止。（六反）

爲治者用衆而舍寡，故不務德而務法。（顯學）

夫垂泣不欲刑者，仁也；然而不可不刑者，法也。先王勝其法，不聽其泣，則仁之不可以爲治亦明矣。（五蠹）

2創制之目的：法治既可強國富民，則萬民皆可生活於安定富足之中，此所以愛民，非所以害民也。其言云：

聖人之治也，審於法禁，法禁明著則官治；必於賞罰，賞罰不阿則民用，民用官治則國富，國富則兵強，而霸王之業成矣。（六反）

其治國也，正明法，陳嚴刑，將以救羣生之亂，去天下之禍，使強不陵弱，衆不暴寡，耆老得遂，幼孤得長，邊境不侵，君臣相親，父子相保，而無死亡繫虜之患，此亦功之至厚者也。（心度）

聖人之治民，度其本不從其欲，期於利民而已。故其與之刑，非所以惡民，愛之本也。

（心度）

3 創制之標準：

(1) 適時：

治民無常，唯治爲法。法與時轉則治，治與世宜則有功。故民樸禁之以名則治，世智而維之以刑則從。時移而治不易者亂，能衆而禁不變者削。故聖人之治民也，法與時移，而禁與能變。（心度）

(2) 易行：

明主立可爲之賞，設可避之罰，故賢者勸而不見子胥之禍，不肖者少罪而不見傴剖背，盲者處平而不遇深谿，愚者守靜而不陷險危。（用人）

明主之表易見，故約立；其鼓易知，故言用；其法易爲，故令行。三者立而上無私心，則下得循法而治，望表而動，隨繩而斲，因簪而縫。如此則上無私威之毒，而下無愚拙之誅。（用人）

盡思慮，揣得失，智者之所難也。無思無慮，挈前言而責後功，愚者之所易也。明主操愚者之所易，不責智者之所難，故智慮不用而國治也。（八說）

因可勢，求易道，故用力寡而功名立。（觀行）

察士然後能知之，不可以爲令，夫民不盡察。賢者然後能行之，不可以爲法，夫民不盡

賢。（八說）

(3)多利：

法立而不難，權其難而事成，則立之。事成而有害，權其害而功多，則爲之。無難之法，無害之功，天下無有也。（八說）

(4)統一：

法莫如一而固，使民知之。（五蠹）

明主之道，一法而不求智，固術而不慕信。（五蠹）

明主之國，令者，言最貴者也；法者，事最適者也。言無二貴，法不兩適，故言行不軌於法令者必禁。（問辯）

申不害不擅其法，不一其憲令，則姦多。故利在故法前令則道之，利在新法後令則道之。故新相反，前後相悖，則申不害雖十使昭侯用術，而姦臣猶有所譎其辭矣。（定法）

(5)嚴厲：

十仞之城，樓季弗能踰者，峭也；千仞之山，跛牂易牧者，夷也。故明主峭其法而嚴其刑也。（五蠹）

董閼于爲趙上地守，行石邑山中，見澗深峭如牆，深百仞，因向其旁鄉左右曰：「人嘗有入此者乎？」對曰：「無有。」曰：「嬰兒、癡聾、狂悖之人，嘗有入此者乎？」對曰：

「無有。」「牛馬犬彘嘗有入此者乎?」對曰：「無有。」董閼于喟然太息曰：「吾能治矣。使吾治之無赦，猶入澗之必死也，則人莫之敢犯也，何爲不治哉！」（內儲說上）

子產相鄭，病將死，謂游吉曰：「我死後，子必用鄭，必以嚴莅人。夫火形嚴，故人鮮灼；水形懦，故人多溺。子必嚴子之形，無令溺子之懦。」及子產死，游吉不肯嚴刑，鄭少年相率爲盜，處於藿澤，將遂以爲鄭禍。游吉率車騎與戰，一日一夜僅能尅之。游吉喟然歎曰：「吾蚤行夫子之教，必不悔至於此矣。」（內儲說上）

四、法之功能

1 治國：

當今之世，能去私曲，就公法者，民安而國治；能去私行，行公法者，則兵強而敵弱。（有度）

國無常強，無常弱。奉法者強則國強，奉法者弱則國弱。（有度）

明法者強，慢法者弱。（飾邪）

治強生於法，弱亂生於阿。（外儲說右下）

當魏之方明立辟，從憲令之時，有功者必賞，有罪者必誅，強匡天下，威行四鄰；及法慢妄予，而國日削矣。當趙之方明國律、從大軍之時，人衆兵強，辟地齊燕；及國律慢，用者弱，而國日削矣。當燕之方明奉法、審官斷之時，東縣齊國，南盡中山之地；及奉法已亡，官斷不用，左右交爭，論從其下，則兵弱而地削，國制於強敵矣。故曰：「明法者強，慢法者弱。」強弱如是明矣，而世主弗爲，國亡宜矣。語曰：「家有常業，雖饑不餓；國有常法，雖危不亡。」夫舍常法而從私意，則臣下飾於智能；臣下飾於智能，則法禁不立矣。是妄意之道行，治國之道廢也。（飾邪）

先王以道爲常，以法爲本。本治者名尊，本亂者名絕。（飾邪）

2 敎化：

明主之國，無書簡之文，以法爲敎；無先王之語，以吏爲師。（五蠹）

母之愛子也倍父，父令之行於子者十母；吏之於民無愛，令之行於民也萬父。母積愛而令窮，吏用威嚴而民聽從，嚴愛之筴，亦可決矣。且父母之所以求於子也：動作則欲其安利也；行身則欲其遠罪也。君上之於民也：有難則用其死；安平則盡其力。親以厚愛，關子於安利，而不聽；君以無愛利，求民之死力，而令行。明主知之，故不養恩愛之心，而增威嚴之勢。故母厚愛處，子多敗，推愛也；父薄愛敎笞，子多善，用嚴也。（六反）

今有不才之子，父子怒之弗爲改，鄉人譙之弗爲動，師長敎之弗爲變。夫以父母之愛、鄉人之行、師長之智，三美加焉，而終不動，其脛毛不改。州部之吏，操官兵，推公法，而求索姦人，然後恐懼，變其節，易其行。故父母之愛，不足以敎子，必待州部嚴刑者，民固驕於愛，聽於威矣。（五蠹）

3易俗：

決賢不肖愚智之策，在賞罰之輕重。且夫重刑者，非爲罪人也，明主之法揆也。殺賊，非治所殺也，治所殺者，是治死人也；刑盜，非治所刑也，治所刑也者，是治胥靡也。故曰：重一姦之罪，而止境內之邪，此所以爲治也。重罰者，盜賊也；而悼懼者，良民也。欲治者，奚疑於重刑？若夫厚賞者，非獨賞功也，又勸一國。受賞者甘利，未賞者慕業，是報一人之功而勸境內之罪也，欲治者何疑於厚賞？（六反）

賞罰使天下必行之，令曰：「中程者賞，弗中程者誅。」令朝至暮變，暮至朝變，十日而海內畢矣，奚待期年？（難一）

貳、術論

一、術之界說

申子相韓昭侯，主以術治天下，司馬遷史記云：「昭侯用以爲相，內修政敎，外應諸侯，十五年，終申子之身，國治兵強，無侵韓者」（註一），申子用術之碻具成效，爲韓非所稔知，然韓國之所以僅能自保，而不能霸於諸侯者，以申子徒知用術，而不知一其憲令之故，非術之不效也。故韓非主法術勢三者必須配合運用，以爲法術之要，猶人之衣食，蓋缺一不可者也。其論術之含義，約略如下：

> 術者，因任而授官，循名而責實，操殺生之柄，課羣臣之能者也。此人主之所執也。君無術則弊於上，臣無法則亂於下，此不可一無，皆帝王之具也。（定法）
>
> 術者，藏之於胸中，以偶衆端，而潛御羣臣者也。故法莫如顯，而術不欲見。是以明主言法，則境內卑賤莫不聞知也；用術，則親愛近習莫之得聞也。（難三）

以此言觀之，知「術」之與「法」，性質大不相同，概括言之，其大別如下：

1 法以治民，術以御臣。

2 法宜舉國共守，雖君王亦不可例外；術則君王所獨持，為君王所專用。

3 法莫如顯，術不欲見。

4 法為具體公開之律條，術則隱秘之政治手段耳。

二、術之施用

1 治國八術：八經一篇，所言有八術，皆人君治國之要術，茲分述如下：

(1)因情：蓋言因人之情，以立賞罰之法也。

> 凡治天下，必因人情。人情有好惡，故賞罰可用；賞罰可用，則禁令可立，而治道具矣。（八經）

(2)主道：謂用人以知人，用人以治人也。

> 力不敵衆，智不盡物，與其用一人，不如用一國。（八經）

難三篇「鄭子產晨出」章，中有數語，其意與八經篇之「主道術」可互相發明者，其言云：

子產之治，不亦多事乎？姦必待耳目之所及而後知之，則鄭國之得姦者寡矣。不任典成之吏，不察參伍之政，不明度量，恃盡聰明，勞智慮而以知姦，不亦無術乎？且夫物衆而智寡，寡不勝衆；寡不勝衆者，言智不足以徧知物也，故因物以治物。下衆而上寡，寡不勝衆；寡不勝衆者，言君不足以徧知臣也，故因人以知人。

(3)起亂：審知君臣之利異，然後以此念以防亂之生也。

知臣主之異利者王，以爲同者刼，與共事者殺。故明主審公私之分，別利害之地，姦乃無所乘。（八經）

(4)立道：行參伍錯綜之術以行賞察姦也。

參伍之道，行參以謀多，撥伍以責失。行參必折，撥伍必怒。不折則瀆上，不怒則相和。折之徵，足以知多寡；怒之前，不及其衆。觀聽之勢，其徵在罰比周而賞異，誅毋謁而罪同。言會衆端，必揆之以地，謀之以天，驗之以物，參之以人——四徵者符，乃可以觀矣。（八經）

(5)周密：不顯現好惡之欲，使下屬無所因，而人主不至於惑，故爲君者，喜怒無形，容色如一，則下屬無所測其心，而不可投君之好惡矣。

明主其務在周密。是以喜見則德賞，怒見則威分。故明主之言隔塞而不通，周密而不

見。故以一得十者，下道也；以十得一者，上道也。明主兼行上下，故姦無所失。(八經)

(6)參言：謂聽有門戶，不聽衆人之言，又不證驗其實際之功效，則所聽之言當否，不可審知，且爲一人所蔽矣。故人君必須「參言」也。

聽不參，則無以責下；言不督乎用，則邪說當上。言之爲物也，以多信。不然之物，十人云疑，百人然乎，千人不可解也。吶者言之疑，辯者言之信。姦之蝕上也，取資乎衆，藉信乎辯，而以類飾其私。人主不饜忿而待合參，其勢資下也。有道之主，聽言督其用，課其功；而賞罰生焉。故無用之辯不留朝，任事者知不足以治職，則放官收璽。(八經)

(7)任法：以君上之不知法，故臣下可專橫驕恣，濫行威權。故君上不可昏闇，昏闇則無法，無法則官權重，官權重則國亂矣。

官之重也毋法也；法之息也，上闇也。上闇無度，則官擅爲；官擅爲，故奉重無前。奉重無前，則徵多；徵多故富。官之富重也，亂之所生也。(八經)

(8)類柄：治道之所以廢，在於行私義者尊顯；而國法之所以敗，則因慈仁之論見重。致使有罪不誅，有功無賞。此則人臣權重擬上之故也，爲人主者不可不深愼之也。

行義示，則主威分；慈仁聽，則法制毀。民以制畏上，而上以勢卑下。故下肆狠觸，而榮於輕君之俗，則主威分。民以法難犯上，而上以法撓慈仁。故下明愛施，而務賕紋之政，是以法令隳。尊私行以貳主威，行賕紋以疑法令，聽之則亂治，不聽則謗主，故君輕

乎位，而法亂乎官。此之謂無常之國。（八經）

2 御臣七術：

(1)衆端參觀：人主須參視多方面之事物，以靈其耳目之謂也。

觀聽不參，則誠不聞；聽有門戶，則臣壅塞。（內儲說上）

(2)必罰明威：其罰必，則其威顯於世矣。

愛多者則法不立，威寡者則下侵上。是以刑罰不必，則禁令不行。（內儲說上）

(3)信賞盡能：以其賞之必也，故人皆盡其能以求得賞。

賞譽薄而謾者，下不用；賞譽厚而信者，下輕死。（內儲說上）

(4)一聽責下：一一聽之，則臣下無緣以欺蒙其主上矣。

一聽，則愚智分；責下，則人臣參。（內儲說上）

(5)疑詔詭使：假傳命令，以疑臣下，卽以詭詐手法而使臣下服從之謂也。

數見、久待、而不任，姦則鹿散；使人問他，則不鬻私。（內儲說上）

蓋謂：數見部下，且使之久待，然不任用之，則其人以君主爲洞察己身底細而不敢爲非作姦矣。

又雖知部下之所爲，佯作不知，更試以他事，問之他人，則其人不敢鬻其私心矣。

(6)挾知而問：已知之事，佯作不知，以詰問臣下，而考其眞僞。

挾知而問，則不知者至；深知一物，則衆隱皆變。（內儲說上）

(7)倒言反事：倒其所言，反其所事，亦卽揑造事實，以測度臣下之誠信也。

倒言、反事，以嘗所疑，則姦情得。(內儲說上)

3 察姦六術：

(1)權借在下：人君以其大權借予臣下，臣下卽可獲其大利，故不可不愼其權。

權勢不可以借人；上失其一，下以爲百。故臣得借則力多，力多則內外爲用，內外爲用則人主壅。(內儲說下)

(2)利異外借：君臣所利不同，人臣往往借外國之力以與人君爭利者，不可不深愼之也。

君臣之利異，故人臣莫忠。故臣利立，而主利滅。是以姦臣者，召敵兵以內除，舉外事以眩主；苟成其私利，不顧國患。(內儲說下)

(3)託於似類：臣下每以似是而非之事蒙蔽君主，爲君者宜深愼之。

似類之事，人主之所以失誅，而大臣之所以成私也。(內儲說下)

(4)利害有反：君與臣之利害不同，故人主處理問題，不可不審愼考察。

事起而有所利，其尸主之；有所害，必反察之。是以明主之論也：國害，則省其利者；臣害，則察其反者。(內儲說下)

(5)參疑內爭：參疑卽「參儗」，蓋比並對立之意也，意謂國中有勢均力敵之派別，則必有矛盾之變亂。

參疑之勢，亂之所由生也，故明主愼之。（內儲說下）

(6)敵國廢置：敵國與我國利害不同，故應使敵國所置之卿相爲姦臣、愚臣；而不可使置賢臣、忠臣。

敵之所務，在淫察而就靡；人主不察，則敵廢置矣。（內儲說下）

4 行法六術：

(1)君臣共守：法之實行與推展，須賴君臣共守之，而不可有例外。

人主者，守法責成以立功者也。（外儲說右下）

法者，臣之所師也，臣無法，則亂於下。（定法）

(2)讎法明法：讎法謂校覈審查，視其合法與否；明法謂以法定是非，無過無不及，以使國法爲最高之準則。

明主使法擇人，不自舉也；使法量功，不自度也。能者不可弊，敗者不可飾，譽者不能進，非者弗能退，則君臣之間，明辨而易治，故主讎法則可也。（有度）

人主使人臣雖有智能，不能背法而專制；雖有賢行，不得踰功而先勞；雖有忠信，不得釋法而不禁，此之謂明法。（南面）

(3)法行所愛：雖至親亦不可枉法寬赦，所謂「法律之前，人人平等」，其意在此。

晉文公問於狐偃曰：「刑罰之極安至？」對曰：「不辟親貴，法行所愛。」文公曰：

「善！」明日令田於圃陸，期以日中爲期，後期者行軍法焉。於是公有所愛者曰顛頡後期，吏請其罪，文公隕涕而憂。吏曰：「請用事焉。」遂斬顛頡之脊，以徇百姓，以明法之信也。(外儲說右上)

(4)賞罰嚴明：

a信必：信賞必罰，法始能行之有效。

賞罰不信，則禁令不行。(外儲說左上)

愛多者，則法不立；威寡者，則下侵上。是以刑罰不必，則禁令不行。(內儲說上)

賞譽薄而謾者，下不用；賞譽厚而信者，下輕死。(內儲說上)

b有據：賞罰依法，而以功過爲準，則可臻至無怨不德之境。

以罪受誅，人不怨上，跀跪生子臯。以功受賞，臣不德君，翟璜操右契而乘軒。(外儲說左下)

宋本注云：

罪當，故不怨也；功當，故不以爲德。

c公正：賞罰公正而不阿曲，則民可信法亦可守法，否則，法必不行也。

治強生於法，弱亂生於阿；君明於此，則正賞罰而非仁下也。爵祿生於功，誅罰生於罪；臣明於此，則盡死力而非忠君也。君通於不仁，臣通於不忠，則可以王矣。(外儲說右

下）

(5)刑德自主：賞罰之權，必須由君王獨掌，不可與臣下共有，亦不可與臣下分用，共有、分用，則臣將制其君以謀私利矣。

明主之所道制其臣者，二柄而已矣。二柄者，刑、德也。何謂刑、德？曰：殺戮之謂「刑」，慶賞之謂「德」。爲人臣者，畏誅罰而利慶賞，故人主自用其刑、德，則羣臣畏其威而歸其利矣。故世之姦臣則不然，所惡則能得之其主而罪之，所愛則能得之其主而賞之。今人主非使賞罰之威利出於己也，聽其臣而行其賞罰，則一國之人皆畏其臣而易其君，歸其臣而去其君矣。此人主失刑、德之患也。夫虎之所以能服狗者，爪牙也；使虎釋其爪牙而使狗用之，則虎反服於狗矣。人主者，以刑、德制臣者也；今君人者釋其刑、德而使臣用之，則君反制於臣矣。（二柄）

賞罰下共則威分。（八經）

賞罰共，則禁令不行。（外儲說右下）

(6)治吏民治：治國者，只須治吏，不必治民，事有專司，職有專屬，在上者只須以法制之，使分層以負分內之責，各盡所能，發揮專長，則君上可無爲而治其國矣。

人主者，守法責成以立功者也。聞有吏雖亂而有獨善之民，不聞有民亂而有獨治之吏，故明主治吏不治民。（外儲說右下）

宋本注云：「吏治則民治」。文云：「搖木本則萬葉動，引網綱則萬目張，吏正則國治矣。」

5 聽言五術：

(1)聽不懷愛：謂人君聽言，須普遍以聽，不可遺漏，若只偏聽一二人，或聽所愛之言，則易受蒙蔽，而無法得相參比較之誠僞矣。

是以明主不懷愛而聽，不留悅而計。故聽言不參，則權分乎姦；智術不用，則君窮乎臣。（八經）

一聽，則智愚分；責下，則人臣參。（內儲說上）

觀聽不參，則誠不聞；聽有門戶，則臣壅塞。（內儲說上）

(2)前後不悖：聽其言須知其前後是否相悖，否則前後矛盾，說理但由其心，雖辭言巧辯，然其心術不誠已可知矣。

知其言以往，勿變勿更，以參合閱焉。（主道）

使人臣前言不復於後，後言不復於前，事雖有功，必伏其罪，謂之任下。（南面）

聽不一，則後悖於前。（八經）

(3)鑒外明古：知本國以外之所言，而引以爲借鏡；明今世以前之所論，而援以作參考，則於治國，大有補益焉。

人主鑒於外也，而外事不得不成，故蘇代非齊王；人主鑒於古也，而居者不適不顯，故

潘壽言禹情。人主無所覺悟。（外儲說右下）

(4)巧辯不惑：人皆易於接受恭維討好之言，故人臣之說人主，每以巧言博君之歡心，以成其私利，故人主不可不深愼之。

亂世之聽言也，以難知爲察，以博文爲辯。（問辯）

時君之聽言也，美其辯，……故君臣士民之道言者迂弘。（外儲說左上）

人主之聽言也，不以功用爲的，則說者多棘刺、白馬之說；不以儀的爲關，則射者皆如羿也。人主於說也，皆如燕王學道也；而長說者，皆如鄭人爭年也。是以言有纖察微難，而非務也；故秉、惠、宋、墨皆畫策也。論有迂深閎大，非用也。（外儲說左上）

(5)言行合一：

爲人臣陳而言，君以其言授之事，專以其事責其功。功當其事，事當其言，則賞；功不當其事，事不當其言，則罰。故羣臣其言大而功小者則罰，非罰小功也，罰功不當名也。羣臣其言小而功大者亦罰，非不悅大功也，以爲不當名之害，甚於有大功，故罰。（二柄）

羣臣陳其言，君以其言授其事，以其事責其功。功當其事，事當其言，則賞：功不當其事，事不當其言，則誅。明君之道，臣不得陳言而不當。（主道）

6 用人四術：

(1)職責分明：

昔者，韓昭侯醉而寢，典冠者見君之寒也，故加衣於君之上。覺寢而說，問左右曰：「誰加衣者？」左右對曰：「典冠。」君因兼罪典衣與典冠。其罪典衣，以爲失其事也；其罪典冠，以爲越其職也。非不惡寒也，以爲侵官之害甚於寒。故明主之畜臣，臣不得越官而有功，不得陳言而不當。越官則死，不當則罪。守業其官，所言者貞也，則羣臣不得朋黨相爲矣。（二柄）

(2)發揮專長：

人臣皆宜其能，勝其官，輕其任，而莫懷餘力於心，莫負兼官之責於君。故內無伏怨之亂，外無馬服之患。明君使事不相干，故莫訟；使士不兼官，故技長；使人不同功，故莫爭。爭訟止，技長立，則彊弱不觳力，冰炭不合形，天下莫得相傷，治之至也。（用人）

(3)進退有準：

明主之道：一人不兼官，一官不兼事；卑賤不待尊貴而進，大臣不因左右而見；百官修通，羣臣輻湊，有賞者君見其功，有罰者君知其罪。見知不悖於前，賞罰不弊於後。（難一）

治國之臣效功於國以履位，見能於官以受職，盡力於權衡以任事。（用人）

(4)升遷有序：

明主之吏：宰相必起於州部，猛將必發於卒伍。夫有功者必賞，則爵祿厚而愈勸；遷官

襲級，則官職大而愈治。夫爵祿大而官職治，王之道也。（顯學）

叁、勢論

一、勢之原始

溯法家起始之原本人物，首先當論及管子，前文「韓非之學術淵源及思想體系」中「法術前輩」已論及之矣。論「勢」亦不能不溯源於管子，韓非子外儲說左下云：

恃勢而不恃信，故東郭牙議管仲。

可知管子之時已開始論「勢」，而韓非亦留意及管子所論之「勢」矣。管子明法解云：

明主在上位，有必治之「勢」，則羣臣不敢爲非。是故羣臣不敢欺主者，非愛主也，以畏主之「勢」也。百姓之爭用，非以愛主也，以畏主之法令也。故明主操必勝之數，以治必用之民；處必尊之「勢」，以制必服之臣。故令行禁止，主尊而臣卑。故明法曰：「尊君卑臣，非計親也，以勢勝也。」

然法家中熟論用「勢」之說者，當推愼子，而「勢論」影響韓非最深者，亦爲愼子。惟愼子之主用「勢」，似嫌極端。韓非恐其極端之說，引人疑慮，故於「難勢」一篇，特設辯詞以暢其旨，以示其用勢說之精密。然夷考其主用勢之本原，則實爲承繼愼子所主之勢論也。其引愼子之言云：

堯爲匹夫，不能治三人；而桀爲天子，能亂天下。吾以此知勢位之足恃，而賢智之不足慕也。夫弩弱而矢高者，激於風也；身不肖而令行者，得助於衆也。堯敎於隸屬，而民不聽；至於南面而王天下，令則行，禁則止。由此觀之，賢智未足以服衆，而勢位足以詘賢者也。（難勢）

韓非除同意愼子之說外，再擴充其旨意，廣其論說，以爲愼子所言者爲自然之勢，徒以自然之勢，尙不足以爲大用，須配合以法術權力，以造成一客觀合理，雖有大力而不可違逆之「人爲之勢」，此卽韓非所主之「勢」之淵源也。

二、勢之範圍

1自然之勢：韓非指承襲先人之王位，或因時機，緣會而得「位」之勢爲「自然之勢」，所謂「生而在上位」，卽指此「自然之位勢」也。其言云：

夫堯舜生而在上位，雖有十桀紂不能亂，則勢治也。桀紂亦生而在上位，雖有十堯舜而亦不能治者，則勢亂也。故曰：「勢治者則不可亂，而勢亂者則不可治也。」此自然之勢也，非人之所得設也。（難勢）

2人爲之勢：韓非稱以在位者之資，邀進賢人智士，制訂完美客觀之法制，布之天下，令全民遵行，是者雖中才之主，亦可量法治民，天下可得長治久安，此以法而配合勢位以成之政治權力，謂之「人爲之勢」也。其言云：

若吾所言，謂人所得設也而已矣，賢何事焉？……夫賢之爲道也，不可禁；而勢之爲道也，無不禁。以不可禁之賢，與無不禁之勢，此矛盾之說也。夫賢勢之不相容亦明矣。且夫堯、舜、桀、紂，千世而一出，是比肩隨踵而生也；世之治者不絕於中，吾所以爲言勢者中也。中者，上不及堯、舜，而下亦不爲桀紂，抱法處勢則治，背法去勢則亂。今廢勢背法而待堯、舜，堯、舜至乃治，是千世亂而一治也；抱法處勢而待桀、紂，桀、紂至乃亂，是千世治而一亂也。且夫治千而亂一，與治一而亂千也，是猶乘驥、駬而分馳也，相去亦遠矣。夫棄隱栝之法、去度量之數，使奚仲爲車，不能成一輪；無慶賞之勸、刑罰之威，釋勢委法，堯、舜戶說而人辯之，不能治三家。夫勢之足用亦明矣，而曰：「必待賢」，則亦不然矣。（難勢）

三、勢之含義

1 勢即「因居高位而生之統制力」：

夫有材而無勢，雖賢不能制不肖，故立尺材於高山之上，而下臨千仞之谿，材非長也，位高也。桀爲天子能制天下，非賢也，勢重也；堯爲匹夫，不能正三家，非不肖也，位卑也。千鈞得船則浮，錙銖失船則沉，非千鈞輕而錙銖重也，有勢之與無勢也。故短之臨高也以位，不肖之制賢也以勢。（功名）

2 勢即「剛性之威力」：

敵國之君王雖說吾義，吾弗使入貢而臣，關內之侯雖非吾行，吾必使執禽而朝。是故力多則人朝，力寡則朝於人，故明君務「力」，夫嚴家無悍虜，而慈母有敗子，吾以此知「威勢」之可以禁暴，而德厚之不足以止亂也。（顯學）

3 勢卽「權柄」：

君執柄以處勢，故令行禁止。柄者，殺生之制也；勢者，勝衆之資也。（八經）

明主之所道制其臣者，二柄而已矣。二柄者，刑、德也。何謂刑、德？曰：「殺戮之謂刑，慶賞之謂德。」爲人臣者畏誅罰而利慶賞，故人主自用其刑、德，則羣臣畏其威而歸其利矣。（二柄）

有主名而無實，臣專法而行之，周天子是也。偪借其權勢，則上下易位矣。此言人臣之不可借權勢也。（備內）

4 勢卽「因緣際會之時機」：

子夏曰「春秋之記：臣殺君，子殺父者，以十數矣，皆非一日之積也，有漸而至矣。」凡姦者，行久而成積，成積而力多，力多而能殺；故明主早絕之。……故子夏曰：「善持勢者，蚤絕姦之萌。」（外儲說右上）

四、勢之重要

1 勢以貴身：

萬物莫如身之至貴也，位之至尊也，主威之重，主勢之隆也。（愛臣）

賢人而詘於不肖者，則權輕位卑也；不肖而能服於賢者，則權重位尊也。堯爲匹夫，不能治三人；而桀爲天子，能亂天下。吾以此知勢位之足恃，而賢智之不足慕也。（難勢）

勢重者，人主之淵也；君者，勢重之魚也。魚失於淵而不可復得也；人主失其勢重於臣，而不可復收也。（內儲說下）

2 勢以勝衆：

柄者，殺生之制也；勢者，勝衆之資也。（八經）

民者，固服於勢，寡能懷於義。仲尼，天下聖人也，修行明道，以遊海內，海內說其仁，美其義，而爲服役者七十人。蓋貴仁者寡，能義者難也。故以天下之大，而爲服役者七十人，而爲仁義者一人。魯哀公，下主也。南面君國，境內之民莫敢不臣。民者，固服於勢，勢誠易以服人。故仲尼反爲臣，而哀公顧爲君。仲尼非懷其義，服其勢也。故以義則仲尼不服於哀公；乘勢則哀公臣仲尼。（五蠹）

萬乘之主，千乘之君，所以制天下而征諸侯者，以其威勢也，威勢者，人主之筋力也。（人主）

3 勢以行令：

君執柄以處勢，故令行禁止。（八經）

威利，所以行令也。（詭使）

今使臧獲奉君令，詔卿相，莫敢不聽，非卿相卑而臧獲尊也，主令所加，莫敢不從也。……若負桓公之威，下桓公之令，是臧獲之所以信也。（難一）

4 勢以治國：

抱法處勢則治，背法去勢則亂。……釋法委勢，堯舜戶說而人辯之，不能治三家，夫勢之足用亦明矣。（難勢）

善任勢者，國安；不知因其勢者，國危。（姦刧弑臣）

凡人主之國小而家大，權輕而臣重者，可亡也。（亡徵）

註一　參見史記申不害列傳。

韓非子之教育思想　第五

壹、利己人性觀

一、人皆利己，無利人者

醫善吮人之傷，含人之血，非骨肉之親也，利所加也。輿人成輿，則欲人之富貴；匠人成棺，則欲人之夭死也。非輿人仁而匠人賊也，人不貴，則輿不售；人不死，則棺不買。情非憎人也，利在人之死也。(備內)

夫買庸而播耕者，主人費家而美食，調錢布而求易者，非愛庸客也，曰：如是，耕者且深，耨者熟耘也。庸客致力而疾耘耕，盡功而盡畦陌者，非愛主人也，曰：如是，羹且美，錢布且易云也。此其養功力，有父子之澤矣，而必周於用者，皆挾自爲心也。故人行

事施予，以利之爲心，則越人易和；以害之爲心，則父子離且怨。（外儲說左上）

夫耕之用力也勞，而民爲之者，曰：可得以富也；戰之爲事也危，而民爲之者，曰：可得以貴也。（五蠹）

二、夫妻雖愛，利己則然

衞人有夫妻禱者，而祝曰：「使我無故得百束布。」其夫曰：「何少也？」對曰：「益是，子將以買妾。」（內儲說下）

夫妻者，非有骨肉之恩也，愛則親，不愛則疏。語曰：「其母好者，其子抱。」然則爲之反也，其母惡者，其子釋。丈夫年五十，而好色未解也；婦人年三十，而美色衰矣。以衰美之婦人，事好色之丈夫，則身疑見疏賤，而子疑不爲後。此后夫人之所以冀其君不死者也。（備內）

三、父子雖親，利己亦然

人爲嬰兒也，父母養之簡，子長而怨。子壯盛成人，其供養薄，父母怒而誚之。子父，至親也，而或譙或怨者，皆挾相爲，而周於爲己也。（外儲說左上）

且父母之於子也，產男則相賀，產女則殺之，此俱出父母之懷衽，然男子受賀，女子殺之者，慮其後便，計之長利也。故父母之於子也，猶用計算之心以相待也。而況無父子之澤乎？（六反）

四、君臣共處，利己顯然

君以計畜臣，臣以計事君。臣君之交計也：害身而利國，臣弗爲也；害國而利臣，君不行也。臣之情，害身無利；君之情，害國無親。君臣也者，以計合者也。（飾邪）

故爲人臣者，窺覘其君心也，無須臾之休，而人主怠傲處其上，此所以有刼君弒主也。爲人主而大信其子，則姦臣得乘於子以成其私，故李兌傅趙王而餓主父。爲人主而大信其妻，則姦臣得乘於妻以成其私，故優施傅麗姬，殺申生而立奚齊。……故后妃夫人太子之黨成，而欲君之死也。君不死，則勢不重。情非憎君也，利在君之死也。故人主不可以不加心於利己死者。（備內）

君臣之利異，故人臣莫忠。故臣利立而主利滅。是以姦臣者，召敵兵以內除，舉外事以眩主，苟成其私利，不顧國患。（內儲說下）

知臣主之利異者王，以爲同者刼，與共事者殺。（八經）

人臣之於其君，非有骨肉之親也，縛於勢而不得不事也。（備內）

五、施予因財多，誠非「不利己」

饑歲之春，幼弟不饟，穰歲之秋，疏客必食；非疏骨肉、愛過客也，多少之實異也。是以古之易財，非仁也，財多也；今之爭奪，非鄙也，財寡也；輕辭天下，非高也，勢薄也；重爭士橐，非下也，權重也。故聖人議多少，論厚薄，而爲之政。故罰薄不爲慈，誅

嚴不爲戾，稱俗而行也。（五蠹）

貳、教育之方法

一、剛性教育

今有不才之子，父母怒之弗爲改，鄉人譙之弗爲動，師長教之弗爲變。夫以父母之愛，鄉人之行，師長之智，三美加焉，而終不動，其脛毛不改。州部之吏，操官兵，推公法，而求索姦人，然後恐懼，變其節，易其行矣。故父母之愛，不足以教子，必待州部之嚴刑者，民固驕於愛，聽於威矣。（五蠹）

二、反對愛的教育

慈母之於弱子也，愛不可爲前。然而弱子有僻行，使之隨師；有惡疾，使之事醫。不隨師則陷於刑；不事醫則疑於死。慈母雖愛，無益於振刑救死，則存子者非愛也。子母之性，愛也；臣主之權，筴也。母不能以愛存家，君安能以愛持國？（八說）

三、以法爲教

故明主之國，無書簡之文，以法爲教；無先王之語，以吏爲師。（五蠹）

故其治國也，正明法，陳嚴刑，將以救羣生之亂，去天下之禍，使強不陵弱，衆不暴寡，耆老得遂，幼孤得長，邊境不侵，君臣相親，父子相保，而無死亡繫虜之患，此亦功

之至厚者也。（姦刼弑臣）

四、教民以信

魏文侯與虞人期獵。明日，會天疾風，左右止文侯，不聽，曰：「不可以風疾之故而失信，吾不爲也。」遂自驅車往，犯風而罷虞人。（外儲說左上）

曾子之妻之市，其子隨之而泣。其子曰：「女還，顧反爲女殺彘。」妻適市來，曾子欲捕彘殺之。妻止之曰：「特與嬰兒戲耳。」曾子曰：「嬰兒非與戲也，嬰兒非有知也，待父母而學者也，聽父母之教。今欺之，是教子欺也。母欺子而不信其母，非以成教也。」遂烹彘也。（外儲說左上）

一國之民，猶一家之嬰兒，君之與民，以信爲首要，此猶父母之必須取信於子女也。法治之國，尤須重信，否則，法不行而令不通矣。

五、以身作則

孔子曰：「爲人君者猶盂也，民猶水也；盂方水方，盂圜水圜。」（外儲說左上）

齊桓公好服紫，一國盡服紫，當是時也，五素不得一紫。桓公患之，謂管仲曰：「寡人好服紫，紫貴甚，一國百姓好服紫不已，寡人奈何？」管仲曰：「君欲止之，何不試勿衣紫也。謂左右曰：『吾甚惡紫臭。』於是左右適有衣紫而進者，公必曰：『少却，吾惡紫臭。』」公曰：「諾。」於是日，郎中莫衣紫；其明日，國中莫衣紫；三日，境內莫衣紫

也。（外儲說左上）

君之影響於民者，如是其甚也，故需以身作則，率先易俗，愼其所行，謹其所言也。

叁、教育之內容

一、修己

1 制欲：

人有欲則計會亂，計會亂而有欲甚，有欲甚則邪心勝，邪心勝則事徑絕，事徑絕則禍難生。由是觀之，禍難生於邪心，邪心誘於可欲。可欲之類，進則教民爲姦，退則令善人有禍。姦起則上侵弱君，禍至則民人多傷。然則可欲之類，上侵弱君而下傷人民。夫上侵弱君而下傷人民者，大罪也。故曰：「禍莫大於可欲。」（解老）

故欲利甚則憂。憂則疾生，疾生而智慧衰，智慧衰則失度量，失度量則妄舉動，妄舉動則禍害至。禍害至而疾嬰內，疾嬰內則痛，禍薄外則苦。苦痛雜於腸胃之間，則傷人也憯，憯則退而自咎，退而自咎也，生於欲利，故曰：「咎莫憯於欲利」。（解老）

2 知足：

人無毛羽，不衣則不犯寒；上不屬天而下不着地，以腸胃爲根本，不食則不能活；是以不免於欲利之心。欲利之心不除，其身之憂也。故聖人衣足以犯寒，食足以充虛，則不憂矣。衆人則不然：大爲諸侯，小餘千金之資，其欲得之憂不除也。胥靡有免，死罪時活；今不知足之憂終身不解，故曰：「禍莫大於不知足」。（解老）

3 自勝：

子夏見曾子，曾子曰：「何肥也？」對曰：「戰勝，故肥也。」曾子曰：「何謂也？」子夏曰：「吾入見先王之義則榮之，出見富貴之樂又榮之，兩者戰於胸中，未知勝負，故臞。今先王之義勝，故肥。」是以志之難也，不在勝人，在自勝也。故曰：「自勝之謂強」。（喻老）

4 專一：

工人數變業則失其功，作者數搖徙則亡其功。一人之作，日亡半日，十日則亡五人之功矣。萬人之作，日亡半日，十日則亡五萬人之功矣。然則數變業者，其人彌衆，其虧彌大矣。……故以理觀之：事大衆而數搖之，則少成功；藏大器而數徙之，則多敗傷，烹小鮮而數撓之，則賊其澤，治大國而數變法，則民苦之。（解老）

唯其如此，故凡事貴在專一，不可動輒變易，事一事而數易其行，則事不可成；業一業而數變其方，則業不就，籀一書而心旁騖，則永無竟讀之日。故凡事貴在專一。

二、富民

1 勤儉力作：

儉於財用，節於衣食，宮室器械周於資用，不事玩好，則入多。(難二)
今家人之治產也，相忍以饑寒，相強以勞苦，雖犯軍旅之難、饑饉之患，溫衣美食者，必是家也；相憐以衣食，相惠以佚樂，天饑歲荒，嫁妻賣子者，必是家也。(六反)

2適時耕種：

故明主之治國也，適其時事，以致財物。(六反)
舉事慎陰陽之和，種樹節四時之適，無早晚之失，寒溫之災，則入多。(難二)

3發展畜養：

務於畜養之理，察於土地之宜，六畜遂，五穀植，則入多。(難二)

4暢利商業：

利商市關梁之行，能以所有致所無，客商歸之，外貨留之。(難二)

5獎勵農耕：

明主治國之政，使其商工游食之民少而名卑，以趣本務而寡末作。(五蠹)
禁游宦之民，而顯耕戰之士。(和氏)

三、強兵

1兵以強國：

君人者，國小則事大國；兵弱則畏強兵。大國之所索，小國必聽；強兵之所加，弱兵必

服。（八姦）

境內之民，其言談者必軌於法，動作者歸之於功，爲勇者盡之於軍。是故無事則國富，有事則兵強，此之謂王資。（五蠹）

2 爵以勵戰：

設民所欲以求其功，故爲爵祿以勸之。（難一）

夫陳善田利宅者，所以厲戰士也。（詭使）

夫上所以陳良田大宅，設爵祿，所以易民死命也。（顯學）

夫耕之用力也勞，而民爲之者，曰：可得以富也；戰之爲事也危，而民爲之者，曰：可得以貴也。（五蠹）

3 軍令務信：

楚厲王有警鼓，以與百姓爲戒，飲酒醉，過而擊之也，民大驚。使人止之曰：「吾醉而與左右戲，過擊之也。」民皆罷。居數月有警，擊鼓而民不赴，乃更令明號，而民信之。（外儲說左上）

韓非子之科學思想 第六

壹、進化論

一、世異則事異

古者，文王處豐鎬之間，地方百里，行仁義而懷西戎，遂王天下。徐偃王處漢東，地方五百里，行仁義，割地而朝者三十有六國；荆文王恐其害己也，舉兵伐徐，遂滅之。故文王行仁義而王天下，偃王行仁義而喪其國，是仁義用於古，不用於今也，故曰：「世異則事異」。（五蠹）

當舜之時，有苗不服，禹將伐之，舜曰：「不可，上德不厚而行武，非道也。」乃修教三年，執干戚舞，有苗乃服。共工之戰，鐵銛短者及乎敵，鎧甲不堅者傷乎體。是干戚用

於古，不用於今也。故曰：「事異則備變」。（五蠹）

不知治者，必曰：「無變古，無易常。」變與不變，聖人不聽，正治而已。然則古之無變，常之無易，在常古之可與不可。尹尹毋變殷，太公毋變周，則湯、武不王矣。管仲毋易齊，郭偃勿更晉，則桓、文不霸矣。（南面）

二、史多不可信

先王之言，有其所爲小，而世意之大者；有其所爲大，而世意之小者，未可必知也。（外儲說左上）

趙主父令工施鉤梯而緣播吾，刻疏人跡其上，廣三尺、長五尺，而勒之曰：「主父常游於此。」（外儲說左上）

秦昭王令工施鉤梯而上華山，以松柏之心爲博，箭長八尺，棊長八寸，而勒之曰：「昭王嘗與天神博於此矣。」（外儲說左上）

三、王權非天授

古之統治者，或假名於上天授以統治之威權，以愚百姓，而利統治。韓非頗不以爲然，彼以自古以來之君主，皆出於人民之推舉，非天授王權者也。

上古之世，人民少而禽獸衆，人民不勝禽獸蟲蛇；有聖人作，構木爲巢，以避羣害，而民悅之，使王天下，號之曰「有巢氏」。民食果、蓏、蚌、蛤、腥、臊、惡臭，而傷害腹

胃，民多疾病，有聖人作，鑽燧取火，以化腥臊，而民說之，使王天下，號之曰「燧人氏」。（五蠹）

四、不法先王、後王

儒墨主法先王，荀子主法後王，先王蓋指堯舜禹湯，後王蓋謂文武，韓非則以爲先王，後王皆不可法，蓋世異事遷，古之道不可治今之世故也。

今有構木鑽燧於夏后氏之世者，必爲鯀禹笑矣；有決瀆於殷周之世者，必爲湯武笑矣；然則今有美堯舜禹湯武之道於當今之世者，必爲新聖笑矣。是以聖人不期修古，不法常可，論世之事，因爲之備。（五蠹）

孔子、墨子俱道堯、舜，而取舍不同，皆自謂眞堯、舜，堯、舜不復生，將誰使定儒墨之誠乎？（顯學）

今世儒者之說人主，不言今之所以爲治，而語已治之功；不審官法之事，不察姦邪之情，而皆道上古之傳譽，先王之成功。儒者飾詞曰：「聽吾言，則可以霸王。」此說者之巫祝，有度之主不受也。（顯學）

言先王之仁義，無益於治，明吾法度，必吾賞罰者，亦國之脂澤粉黛也。故明主急其功而緩其頌，故不道仁義。（顯學）

五、經濟與歷史

因歷史之變遷，經濟之演進，生活方式、政治形態，亦因而改變：

堯之王天下也，茅茨不剪，采椽不斲，糲粢之食，藜藿之羹，冬日麑裘，夏日葛衣，雖監門之服養，不虧於此矣。禹之王天下也，身執耒臿以爲民先，股無完胈，脛不生毛，雖臣虜之勞，不苦於此矣。以是言之，夫古之讓天子者，是去監門之養，而離臣虜之勞也，故傳天下而不足多也。今之縣令，一日身死，子孫累世絜駕，故人重之。是以人之於讓也，輕辭古之天子，難去今之縣令者，薄厚之實異也。（五蠹）

是以古之易財也，非仁也，財多也；今之爭奪，非鄙也，財寡也；輕辭天子，非高也，勢薄也；重爭士橐，非下也，權重也。故聖人議多少，論厚薄，而爲之政。（五蠹）

韓非又舉其歷史演進、人口多寡、經濟之充足與否，而與政治上之賞罰關係之論云：

古者，丈夫不耕，草木之實足食也；婦人不織，禽獸之皮足衣也。不事力而養足，人民少而財有餘，故民不爭。是以厚賞不行，重罰不用，而民自治。今人有五子不爲多，子又有五子，大父未死而有二十五孫，是人民衆而財貨寡，事力勞而供養薄，故民爭。雖倍賞累罰不免於亂。（五蠹）

六、政制與時代

古者，人寡而相親，物多而輕利易讓，故有揖讓而傳天下者。然則行揖讓高慈惠而道仁厚，皆推政也。處多事之時，用寡事之器，非智者之備。當大爭之世，而循揖讓之軌，非

聖人之政也。故智者不乘椎車，聖人不行椎政也。（八說）

宋人有耕者，田中有株，兎走觸株，折頸而死，因釋其耒而守株，冀復得兎，兎不可復得，而身爲宋國笑。今欲以先王之政，治當世之民，皆守株之類也。（五蠹）

治民無常，唯法爲治，法與時轉則治，治與世宜則有功。故名樸而禁之以名則治；世智而維之以刑則從。時移而法不易者亂；世變而禁不變者削。故聖人之治民也。法與時移，而禁與世變。（心度）

貳、知識論

一、知識參驗說

韓非主張以客觀之事實以證驗理論之正碻與否，於今而言，謂之爲「科學之求證法」。

今乃欲審堯、舜之道於三千歲之前，意者其不可必乎！無參驗而必之者，愚也；弗能必而據之者，誣也。故明據先王，必定堯、舜者，非愚則誣也。（顯學）

人之智愚，不可憑表面之「相貌」或「言詞」以定之，宜視其實踐之眞實效果以判斷之。

澹臺子羽，君子之容也，仲尼幾而取之，與處久而行不稱其貌。宰予之辭，雅而文也，仲尼幾而取之，與處久而智不充其辯。故孔子曰：「以容取人，失之子羽；以言取人，失之宰予。」故以仲尼之智，而有失實之聲。今之新辯濫乎宰予，而世主之聽眩乎仲尼。爲

悅其言，因任其身，則焉得無失乎。（顯學）

即令具體之物用，如刀劍之鋒利與否，若徒觀其表面之色澤是否鮮明，則雖古之制劍名家，亦難判斷其鋒利與否也。理之同然者，徒觀馬之毛色齒吻，雖伯樂亦不易判斷馬力之優劣。更無論高深之理論矣。故韓非曰：

夫視鍛錫而察青黃，區冶不能以必劍；水擊鵠雁，陸斷駒馬，則臧獲不疑利鈍。發齒吻而相形容，伯樂不能以必馬；授車就駕，而觀其末塗，則臧獲不疑駑良。（顯學）

二、行爲參驗說

人之所爲，若徒視表面，而不察其確實之表現，則其實情之眞僞，亦往往難知者，故曰：

人皆寐，則盲者不知；皆嘿，則喑者不知；覺而使之視，問而使之對，則喑盲者窮矣。不聽其言也，則無術者不知；不任其身也，則不肖者不知。聽其言而求其當，任其身而責其功，則無術不肖者窮矣。夫欲得力士，而聽其自言，雖庸人與烏獲不可別；授之以鼎俎，則罷健效矣。故官職者，能士之鼎俎也，任之以事，而愚智分矣。（六反）

故明主之國，凡人之行爲表現，不在空言善辯，而在能爲善任，其空言之不當者，往往禁絕之。

明主之國，令者，言最貴者也；法者，事最適者也。言無二貴，法不兩適；故言行而不軌於法令者必禁。若其無法令而可接詐、應變、生利、揣事者，上必采其言而責其實，言當則有大利，不當則有重罪。（問辯）

唯重視參驗之故，韓非因亦特重形名之相參，以爲形名不參，爲害至大，雖有功亦當罰之。

人主將欲禁姦，則審合刑名；刑名者，言與事也。爲人臣者陳而言，君以其言授之事，專以其事責其功。功當其事，事當其言，則賞；功不當其事，事不當其言，則罰。故羣臣其言大而功小者則罰，非罰小功也，罰功不當名也。羣臣其言小而功大者亦罰，非不說於大功也，以爲不當名之害，甚於有大功，故罰。（二柄）

三、用人參驗說

用人如重參驗，則所用者將不敢以無能之身以欺其主矣。

人主誠明於聖人之術，而不苟於世俗之言。循名實而定是非，因參驗而審言辭。是以左右近習之臣，知僞詐之不可以得安也，必曰：「我不去姦私之行，盡力竭智以事主，而乃以相與比周，妄毀譽以求安，是猶負千鈞之重，陷於不測之淵而求生也，必不幾矣。」百官之吏，亦知爲姦利之不可以得安也，必曰：「我不以清廉方正奉法，乃以貪汚之心，枉法以取私利，是猶上高陵之顚，墜峻谿之下而求生也，必不幾矣。」安危之道若此其明也，左右安能以虛言惑主，而百官安敢以貪漁下？是以臣得陳其忠而不弊，下得守其職而不怨。此管仲之所以治齊，而商君之所以強秦也。（姦刼弑臣）

用人之參驗，其功在於課試之勤，凡所言必責其功，且課試實驗之，則其虛言者窮矣。

齊宣王使人吹竽，必三百人。南郭處士請爲王吹竽，宣王悅之，廩食以數百人。宣王

死，湣王立，好一一聽之，處士逃。（內儲說上）

宋人有請爲燕王以棘刺之端爲母猴者，必三月齋然後能觀之。燕王因以三乘養之。右御冶工謂王曰：「臣聞人主無十日不燕之齋。今知王不能久齋，以觀無用之器也，故以三月爲期。凡刻削者，以其所以削必小。今臣，冶人也，無以爲之削，此不然物也。王必察之。」王因囚而問之，果妄，乃殺之。（外儲說左上）

叁、無神論

一、卜筮不驗說

以卜筮論出戰，兩國之龜皆兆曰「大吉」，終則一勝一敗，若以此責龜之靈驗與否，則智者皆知其不可也。

鑿龜數筴，兆曰：「大吉」，而以攻燕者，趙也。鑿龜數筴，兆曰：「大吉」，而以攻趙者，燕也。劇辛之事燕，無功而社稷危；鄒衍之事燕，無功而國道絕。趙先得意於燕，後得意於齊，國亂節高，自以爲秦提衡。非趙龜神，而燕龜欺也。（飾邪）

或前日之龜兆曰「大吉」而得勝，今日之龜兆曰「大吉」而慘敗，若以此而責龜之靈驗不一，則智者又必以爲不可也。以是而論，則卜筮之術誠不可以爲信也。

趙又嘗鑿龜數筴而北伐燕，將刼燕以逆秦，兆曰「大吉」始攻大梁，而秦出上黨矣；兵至鬣，而六城拔矣；至陽城，秦拔鄴矣；龐援揄兵而南，則鄣盡矣。臣故曰趙龜雖無遠見於燕，且宜近見於秦。秦以其大吉，辟地有實，救燕有名。趙以其大吉，地削兵辱，主不得意而死，又非秦龜神，而趙龜欺也。（飾邪）

二、占星不驗說

當時人或觀察星象以測用兵之吉凶者，韓非以爲星象之言，其驗者巧合而已，其不驗者則理所必然，則占星之術不可信也，信而恃之者，愚莫大焉。

初時者，魏數年東鄉，攻盡陶衞；數年西鄉，以失其國。此非豐隆、五行、太乙、王相、攝提、六神、五括、天河、殷槍、歲星，數年在西也。又非天缺、孤逆、刑星、熒惑、奎、台，數年在東也。故曰龜、筴、鬼神，不足以擧勝，左右背鄉，不足以專戰。然而恃之，愚莫大焉。（飾邪）

三、巫祝不驗說

巫祝禱告神明，祈求消災降福，世人多信之，且信之甚迷，韓非則不然，以爲巫祝縱累辭放聲以祝禱，然其不驗也固然，以是之故，人皆輕視巫祝也。

今巫祝之祝人曰：「使若千秋萬歲。」千秋萬歲之聲聒耳，而一日之壽無徵於人，此人所以簡巫祝也。（顯學）

四、鬼神烏有說

鬼神之說，傳言者衆，實見者無，故韓非不信鬼神。鬼神既無人見之，則妄說由人，以其無驗可徵也，故其必爲烏有也可知矣。

客有爲齊王畫者，齊王問曰：「畫孰最難者？」曰：「犬馬最難。」「孰易者？」曰：「鬼魅最易。」夫犬馬，人所知也，旦暮罄於前，不可類之，故難；鬼神，無形者，不罄於前，故易之也。(外儲說左上)

鬼神之不可見，故可以意妄繪，夫傳言亦然，以其不可見，故可以意妄說。人之信鬼神者，多愚妄之流，故人亦可以鬼神愚弄之，觀下一故事，可知信鬼神者受愚之態也。

燕人李季好遠出，其妻私有通於士，季突至，士在內中，妻患之。其室婦曰：「令公子裸而解髮，直出門，吾屬佯不見也。」於是公子從其計，疾走出門。季曰：「是何人也？」家室皆曰：「無有。」季曰：「吾見鬼乎？」婦人曰：「然。」「爲之奈何？」曰：「取五牲之矢浴之。」季曰：「諾。」乃浴以矢。(內儲說下)

或有「人爲之故實」，後世傳爲神話，實則先代所虛構，實不可信其有者也。如：

秦昭王令工施鉤梯而上華山，以松柏之心爲博，箭長八尺，棊長八寸，而勒之曰：「昭王嘗與天神博於此矣。」(外儲說左上)

與天神賭博之事既爲蓄意虛構者，則天神之烏有也亦可知矣。

五、禍福由人不由天

或以爲禍福天降，人力不可違逆，既信之，則小災不防，大災由之，而人之命運亦徒自葬送，終生不知以人力創造自我之前途矣。韓非殊不以爲然，確認禍福由人；由天之論，蓋虛妄無徵者也。

人有欲則計會亂，計會亂而有欲甚，有欲甚則邪心勝，邪心勝則事徑絕，事徑絕則禍難生。由是觀之，禍難生於邪心，邪心誘於可欲。可欲之類，進則敎良民爲姦，退則令善人有禍。（解老）

故欲利甚則憂，憂則疾生，疾生而智慧衰，智慧衰則失度量，失度量則妄舉動，妄舉動則禍害至。（解老）

人有不幸，則心思振作，圖救不幸於苦難之中，以振作之故，往往因而創造福運。

人有禍則心畏恐，心畏恐則行端直，行端直則思慮熟，思慮熟則得事理。行端直則無禍害，無禍害則盡天年；得事理則必成功。盡天年則全而壽；必成功則富與貴。全壽富貴之謂福。（解老）

福既可由人自造，禍亦往往因人而自招。而方福至之時，驕奢淫樂，邪心盡出，道理不復顧慮，則大禍當自此始。

人有福則富貴至，富貴至則衣食美，衣食美則驕心生，驕心生則行邪僻而動棄理。行邪僻則身死夭，動棄理則無成功。夫內有死夭之難，而外無成功之名者，大禍也。（解老）

六、「不死」乃欺人之談

自有生民以來，人皆不免於老死。或有求長生不死之術者，終無實驗之可徵，則縱有「不死」之說者，亦唯虛妄之言耳。「不死」既爲虛妄之說，故韓非以爲世人皆不宜信之也。

客有敎燕王不死之道者，王使人學之，所學者未及學，而客死。王大怒，誅之；王不知客之欺己，而誅學者之晚也。夫信不然之物，而誅無罪之臣，不察之患也。且人所急，無如其身，不能自使其身無死，安能使王長生哉？（外儲說左上）

韓非子之經濟思想 第七

壹、經濟學說之依據

一、利己觀

韓非之利己學說，前文「教育思想」中已論及之，此不贅述，其要點則觀以下引文可知也。

今上下之接，無父子之澤，而欲以行義禁下，則交必有郄矣。且父母之於子也，產男則相賀，產女則殺之。此俱出父母之懷衽，然男子受賀，女子殺之者，慮其後便，計之長利也。故父母之於子也，猶用計算之心以相待也，而況無父子之澤乎？（六反）

父子之間，其利己之心尚且無法遏制，則夫婦、君臣、朋友之互相利用也，不足爲奇矣。

二、進化觀

韓非主張歷史進化之說，以爲時代之變遷，生活方式、政治制度因隨之而改變，古之生活方式，未必適宜於今人；古之政治制度，亦未必適用於今世。此則觀前文「科學思想」中之「進化論」可也。約而言之，其說云：

> 聖人不期修古，不法常可，論世之事，因爲之備。（五蠹）
>
> 夫古今異俗，新故異備，如欲以寬緩之政，治急世之民，猶無轡策而御駻馬，此不智之患也。（五蠹）

三、法治論

韓非主張在法治之政制下，進行其經濟生產之任務，故法治爲韓非理想政治中之大前題。其言云：

> 法不阿貴，繩不撓曲，法之所加，智者弗能辭，勇者弗敢爭。（有度）
>
> 國無常強，無常弱，奉法者強則國強，奉法者弱則國弱。（有度）
>
> 治強生於法，弱亂生於阿。（外儲說右下）

故「法」爲諸般政策中之指導原則，論其經濟思想，自不可不先提其法治理論也。

四、實用論

韓非承襲荀子之知識論，故其學說力主參驗思辨。於經濟而言，則尚實用而斥空談，故凡文學遊說之士，俱爲韓非所痛恨。

國平養儒俠，難至用介士，所利非所用，所用非所利。是故服事者簡其業，而游學者日衆，是世之所以亂也。（五蠹）

亂國之俗：其學者，則稱先王之道以藉仁義，盛容服而飾辯說，以疑當世之法，而貳人主之心。其言談者，僞設詐稱，借於外力，以成其私，而遺社稷之利。（五蠹）

博習辯智如孔、墨，孔、墨不耕耨，則國何得焉？修孝寡欲如曾、史，曾、史不戰攻，則國何利焉？（八說）

重視「實用」之極，則精工巧藝不爲利，粗作笨器有大功。

墨子爲木鳶，三年而成，蜚一日而敗，弟子曰：「先生之巧，至能使木鳶飛。」墨子曰：「不如爲車輗者巧也：用咫尺之木，不費一朝之事，而引三十石之任，致遠力多，久於歲數。今我爲鳶，三年成，飛一日而敗」。惠子聞之曰：「墨子大巧，巧爲輗，拙爲鳶。」（外儲說左上）

貳、經濟學說之主張

一、自爲論

人旣有「利己」之性，則凡事必皆爲自我算計者，設能利用此一「自爲」之觀念，則發展國家經濟非難事也。自爲之理，見下所引可知也。

夫買庸而播耕者，主人費家而美食，調錢布而求易者，非愛庸客也：曰：如是，耕者且深，耨者熟耘也。庸客致力而疾耘耕，盡功而正畦陌者，非愛主人也，曰：如是羹且美，錢布且易云也。(外儲說左上)

人既具「自爲」之念，則善用其「自爲」之念而可強國也。故韓非云：

夫耕之用力也勞，而民爲之者，曰：可得以富也。戰之爲事也危，曰：可得以貴也。(五蠹)

設不善用此一「自爲」之念，則農夫不力作，而經濟發展受阻礙矣。其言云：

夫吏之所稅，耕者也；上之所養，學士也。耕者則重稅，學士則多賞，而索民之疾作而少言談，不可得也。(顯學)

二、反足民論

老聃有言曰：「知足不辱，知止不殆。」夫以殆辱之故，而不求於足之外者，老聃也；今以爲足民而可以治，是以民爲皆如老聃也。故桀貴在天子之位而不足於尊，富有四海之內而不足於寶。君人者雖足民，不能足使爲天子，而桀未必以爲天子爲足也，則雖足民，何可以爲治也？(六反)

三、重農論

以韓非之時代而論，欲在經濟上有雄厚之力量，厥唯發展農業，鼓勵增產，別無他途可循，故韓非力主重農。其言云：

能趨力於地者富，能趨力於敵者強，強不塞者，王。（心度）

今境內之民皆言治，藏商管之法者家有之，而國愈貧，言耕者衆，執耒者寡也。（五蠹）

富國以農，距敵恃卒。（五蠹）

禁游宦之民，而顯耕戰之士。（和氏）

耕戰有益之民六，而世毀之如此，索國之富強，不可得也。（六反）

公家虛而大臣實，正戶貧而寄寓富，耕戰之士困，末作之民利者，可亡也。（亡徵）

好顯巖穴之士而朝之，則戰士怠於行陳；上尊學者，下士居朝，則農夫惰於田。戰士怠於行陳者，則兵弱也；農夫惰於田者，則國貧也。兵弱於敵，國貧於內，而不亡者，未之有也。（外儲說左上）

倉廩之所以實者，耕農之本務也。（詭使）

獄訟繁則田荒，田荒則府庫虛，府庫虛則國貧。（解老）

叁、農業經濟

一、掌握農時

明主之治國也，適其時事，以致財物；論其賦稅，以均貧富。（六反）

所謂「適其時事，以致財物」者，謂生產必須及時云也。古之生產，以農業爲主，則其「適時」之言，蓋謂務其農時也。又云：

> 舉事愼陰陽之和，種樹節四時之適，無早晚之失，寒溫之災，則入多；不以小功妨大務，不以私欲害人事，丈夫盡於耕農，婦人力於織紝，則入多；務於畜養之理，察於土地之宜，六畜遂，五穀殖，則入多；明於權計，審於地形，舟車機械之利，用力少，致功大，則入多。……入多皆人爲也，若天事風雨時，寒溫適，土地不加大，而有豐年之功，則入多。人事天功二物者，皆入多，非山林澤谷之利也。（難二）

若徒盡其人事，尙未爲足，猶當利用天時，及時耕耘收藏，則生產可期，而富足在望矣。

二、深耕熟耘

耕者翻土，耘者除草，二者行之旣勤，作物自可欣欣然以長成，故深耕熟耘爲務農者之要務，韓非亦深然此意。其言云：

> 夫買庸而播耕者，主人費家而美食，調錢布而求易者，非愛庸客也，曰：如是耕者且深，耨者熟耘也。（外儲說左上）

此語雖係論傭主之間之相互利用，然其意則明言「深耕熟耘」之重要也，此必爲當時所重視可知矣。韓非旣重耕戰，則必尤重「深耕熟耘」也。

三、施肥沃漑

既以時耕作矣，又深耕熟耘矣，猶須施以肥料，沃以水份，則作物之長成可期也。韓非重農，故亦必毋忽於此者也。其言云：

所積力唯田疇。積力於田疇，必且糞溉。（解老）

「糞」者施肥之稱，「溉」者灌水之意，此卽重視施肥灌水於農田也。

肆、財稅及工商政策

一、徵稅以均貧富

韓非以爲，均貧富、充府庫，端賴賦斂政策之成功，故其言云：

論其賦稅，以均貧富。（六反）

至其如何以賦稅均貧富，則未詳言，或以爲韓非當時已有「累進稅率制度」之均貧富法，然此亦徒以臆測而已，未見文字之記載也。至充實府庫方面，則其言云：

悉租稅，專民力，所以備難、充府庫也。（詭使）

二、重農抑工商

韓非以爲，耕戰爲強國之要務，故力主顯耕戰之士而抑商工無益之民。其言云：

夫明王治國之政，使其商工游食之民少而名卑，以趣本務而寡末作。今世近習之請行，則官爵可買；官爵可買，則商工不卑也矣。姦買財貨得用於市，則商人不少矣。聚斂倍

農，而致尊過耕戰之士，則耿介之士寡，而商賈之民多矣。（五蠹）

韓非列商工之民為「五蠹」之一，以為「商工之民，修治苦窳之器，聚費靡之財，蓄積待時，而侔農夫之利。」（五蠹），乃害國至深之蠹民，若人主不除此蠹民，則國之破亡，計日可待矣。故韓非竭力主張：

禁游宦之民，而顯耕戰之士。（和氏）

其意以為：

耕戰有益之民六，而世毀之如此，……索國之富強，不可得也。（六反）

農業為當時唯一富國之道，故曰：

倉廩之所以實者，耕農之本務也。（詭使）

博習辯智如孔、墨，孔墨不耕耨，則國何得焉？（八說）

以此亦可知韓非之重農而輕工商之見解矣。

三、商業政策

1以有致無：商業行為，本係以有致無之道之一，近世經濟學家以為能使貨物暢流，通其有無於各地之間，亦為生產方式之一種。韓非雖輕視商工之民，然於其「以有致無」之一道，亦不能不重視之也。其言云：

利商市關梁之行，能以所有致所無，客商歸之，外貨留之。（難二）

2禁奢侈品入口：

外希用甲兵而內禁淫奢，上不事馬於戰鬥逐北，而民不以馬遠通淫物，所積力唯田疇。（解老）

王先愼集解以爲「禁淫奢」卽禁民之過分奢侈；「淫物」卽奢侈之物，今人謂之「奢侈品」。管制「奢侈品」入口，於今各國皆有明令，韓非之時，已知乎此，亦可謂有遠見也矣。

四、工業政策

工業既非韓非所重視，故其書之論及工業者特寡，唯自以下之引文觀之，尙可反映韓非主張之工業自由政策，所謂自由，卽工人可自由遷徙，不若農夫之「地著」而不移也。

魯人身善織屨，妻善織縞，而欲徙於越。或謂之曰：「子必窮矣。」魯人曰：「何也？」曰：「屨爲履之也，而越人跣行；縞爲冠之也，而越人被髮。以子之所長，遊於不用之國，欲使勿窮，其可得乎？」（說林上）

韓非子之兵學思想及強國要略　第八

壹、兵學思想

一、崇尙武力

韓非本於性惡之說，以爲人之相處，俱以私利爲出發點。以是推之於國，則國際之間，尤無道義之可言。爲求國之自存，厥唯崇尙武力，以求自強耳。

齊攻宋，宋使臧孫子南求救於荊，荊大說，許救之，甚勸，臧孫子憂而反。其御曰：「索救而得，今子有憂色，何也？」臧孫子曰：「宋小而齊大。夫救小宋而惡於大齊，此人之所以憂也；而荊王說，必以堅我也。我堅而齊敝，荊之所利也。」臧孫子乃歸，齊人拔五城於宋，而荊救不至。（說林上）

晉人伐邢，齊桓公將救之。鮑叔曰：「太蚤。邢不亡，晉不敝；晉不敝，齊不重。且夫持危之功，不如存亡之德大。君不如晚救之以敝晉，其實利；待邢亡而復存之，其名美。」桓公乃弗救。（說林上）

以此可知，國與國間，絕無道義可言，待他國之援，未若自行振作，堅甲厲兵以抗外侮，更爲可靠。

國小則事大國，兵弱則畏強兵。大國之所索，小國必聽，弱兵必服。（八姦）

國雖大而兵弱者，地非其地，民非其民也。無地無民，堯舜不能以王，三代不能以強。（飾邪）

韓非所處之時代，既是多事之時，大爭之世，仁義辯智自不若強兵武力之得以自立自強也。故其言云：

簡本敎而輕戰功者，可亡也。（亡徵）

境內皆言兵，藏孫吳之書者家有之，而兵愈弱，言戰者多，披甲者少也。（五蠹）

居學之士，國無事不用力，有難不被甲，禮之則惰修耕戰之功；不禮則害主上之法。國安則尊顯，危則爲屈公之威。（外儲說左上）

夫好顯巖穴之士而朝之，則戰士怠於行陳；上尊學者，下士居朝，則農夫惰於田。戰士怠於行陳者，則兵弱也；農夫怠於田者，則國貧也。兵弱於敵，國貧於內，而不亡者，未

之有也。（外儲說左上）

韓非以爲強盛之國，必須尚武，且須以付諸實際行動，不可徒託空言，故韓非竭力反對「顯學之士」之空談，而講究奉法重兵，以壯大國家之武力。其言云：

是以境內之民，其言談者必軌於法，動作者歸之於功，爲勇者盡之於軍。是故無事則國富，有事則兵強，此之謂王資。（五蠹）

二、賞罰以勵戰

韓非以爲，人皆好利，故重賞之下，必有勇夫。其論獎賞之效云：

吳起爲魏武侯西河之守，秦有小亭臨境，吳起欲攻之。不去，則甚害田者；去之，則不足以徵甲兵。於是乃倚一車轅於北門之外，而令之曰：「有能徙此南門之外者，賜之上田、上宅。」人莫之徙也。及有徙之者，還賜之如令。俄又置一石表於東門之外，而令之曰：「有能徙此於西門之外者，賜之如初。」人爭徙之。乃下令曰：「明日且攻亭，有能先登者，仕之國大夫，賜之上田、上宅。」人爭趨之。於是攻亭，一朝拔之。（內儲說上）

行賞之可以勵戰，其效甚顯，其理易明，故曰：

夫陳善田利宅者，所以勵戰士也。（詭使）

夫上陳良田大宅、設爵祿，所以易民死命也。（顯學）

越王將復吳而試其教：燔臺而鼓之，使人赴火者，賞在火也；臨江而鼓之，使人赴水

者，賞在水也；臨陣而使人絕頭刳腹而無顧心者，賞在兵也。(內儲說上)

至行罰之效亦顯而易見者，韓非言行罰之效云：

魯人燒積澤，天北風，火南倚，恐燒國，哀公懼，自將衆趣救火者。左右無人，盡逐獸，而火不救。乃召問仲尼，仲尼曰：「夫逐獸者樂而無罰，救火者苦而無賞，此火之所以無救也。」哀公曰：「善。」仲尼曰：「事急不及以賞；救火者盡賞之，則國不足以賞於人。請徒行罰。」哀公曰：「善。」於是仲尼乃下令曰：「不救火者，比降北之罪；逐獸者，比入禁之罪。」令下未遍，而火已救矣。(內儲說上)

徒以行罰，其效如此，設令賞罰並用，則國富兵強可期矣。故云：

公孫鞅之治秦也：設告相坐而責其實，連什伍而同其罪，賞厚而信，刑重而必。是以其民用力勞而不休，逐敵危而不却，故其國富而兵強。(定法)

三、軍令必信

軍令如山，不可以兒戲視之，設其輕易以戲玩之，則其後果不堪設想矣。

楚厲王有警鼓，以與百姓爲戒，飲酒醉，過而擊之也，民大驚。使人止之曰：「吾醉而與左右戲，過擊之也。」民皆罷。居數月，有警，擊鼓而民不赴，乃更令明號，而民信之。(外儲說左上)

李悝警其兩和曰：「謹警，敵人旦暮且至擊汝。」如是者再三，而敵不至。兩和懈，而

不信李悝。居數月，秦人來襲之，至幾奪其軍。此不信之患也。（外儲說左上）

軍令既信矣，則其效必顯而可見者，於此可知軍令之「信」爲不可少忽者也。

越王問於大夫文種曰：「吾欲伐吳，可乎？」對曰：「可矣！吾賞厚而信，罰嚴而必；君欲知之，何不試焚宮室？」於是遂焚宮室，人莫救之，乃下令曰：「人之救火死者，比死敵之賞；救火而不死者，比勝敵之賞；不救火者，比降北之罪。」人之塗其體，被濡衣而走火者，左三千人，右三千人。此知必勝之勢也。（內儲說上）

四、舍義以求必勝

戰爭求勝，不可留情於仁義德惠，設此心不忍，顧慮仁義，則非徒戰之不勝，甚者且罹兵敗身亡之禍，故韓非主張戰陳不可論仁義。

宋襄公與楚人戰於涿谷上，宋人既成列矣，楚人未及濟。左司馬購強趨而諫曰：「楚人衆而宋人寡，請使楚人半涉，未成列而擊之，必敗。」襄公曰：「寡人聞君子曰：不重傷，不擒二毛，不推人於險，不迫人於阨，不鼓不成列。今楚未濟而擊之，害義；請使楚人畢涉成陳，而後鼓士進之。」右司馬曰：「君不愛宋民，腹心不完，特爲義耳。」公曰：「不反列，且行法。」右司馬反列，楚人已成列撰陳矣，公乃鼓之。宋人大敗，公傷股，三日而死。此乃慕仁義之禍。（外儲說左上）

故爲求軍事之不敗，宜不擇手段以勝敵，其例如下：

荆伐陳，吳救之，軍間三十里，雨十日，夜星。左史倚相謂子期曰：「雨十日，甲輯而兵聚，吳人必至，不如備之。」乃爲陳，陳未成也，而吳人至，見荆陳而反。左史曰：「吳反覆六十里，其君子必休，小人必食，我行三十里擊之，必可敗也。」乃從之，遂破吳軍。（說林下）

闔廬攻郢，戰三勝，問子胥曰：「可以退乎？」子胥對曰：「溺人者一飲而止，則無逐者，以其不休也，不如乘之以沉之。」（說林下）

此外，韓非主張「兵不厭詐」，以爲凡可致勝之道，雖設詐欺敵，不顧道義，亦可爲之者。其論可自下例知之：

吳攻荆，子胥使人宣言於荆曰：「子期用，將擊之；子常用，將去之。」荆人聞之，因用子常而退子期也。吳人擊之，遂勝之。（內儲說下）

又難一篇論「兵不厭詐」之事云：

晉文公將與楚人戰，召舅犯問之：「吾將與楚人戰，彼衆我寡，爲之奈何？」舅犯曰：「臣聞之，繁禮君子，不厭忠信；戰陣之間，不厭詐僞。君其詐之而已矣。」文公辭舅犯，因召雍季而問之，曰：「我將與楚人戰，彼衆我寡，爲之奈何？」雍季對曰：「焚林而田，偷取多獸，後必無獸；以詐遇民，偷取一時，後必無復。」文公曰：「善。」辭雍季，以舅犯之謀與楚人戰以敗之。歸而行爵，先雍季而後舅犯。羣臣曰：「城濮之事，舅犯謀也。夫用其言而後其身，可乎？」文公曰：「此非若所知也。夫舅犯言，一時之權也；雍季言，萬世之利也。」

韓非批駁文公之見，以文公爲非是，其言云：

文公不知一時之權，又不知萬世之利。戰而勝，則國安而身定，兵強而威立，後雖無復，莫大於此；萬世之利，奚患不至？戰而不勝，則國亡兵弱，身死名息，拔拂今日之死不及，安暇待萬世之利？萬世之利，在今日之勝，今日之勝，在於詐敵；詐敵，萬世之利也。故曰：雍季之對，不當文公之問。且文公又不知舅犯之言。舅犯所謂「不厭詐僞」者，不謂詐其民，謂詐其敵也。敵者，所伐之國也；後雖無復，何傷哉？（難一）

五、相機以決和戰

「兵者，凶器也，不可不審用也。」（存韓），戰爭之事，尤須計以利害，「夫一戰而不勝，則禍構矣。」（存韓），此不可不察也，事關萬乘大國之存亡，不可不謹愼將事。凡戰必須相機以行之，當戰則戰，不當戰則雖委曲求全，割地求和亦當忍痛爲之，此韓非以利爲大前提之見也。

越已勝吳，又索卒於荊而攻晉。左史倚相謂荊王曰：「夫越破吳，豪士死，銳卒盡，大甲傷。今又索卒以攻晉，示我不病也，不如起師與分吳。」荊王曰：「善。」因起師而從越，越王怒，將擊之。大夫種曰：「不可。吾豪士盡，大甲傷，我與戰必不克，不如賂之。」乃割露山之陰五百里以賂之。（說林下）

三國兵至函，秦王謂樓緩曰：「三國之兵深矣，寡人欲割河東而講，何如？」對曰：「夫割河東，大費也；免國於患，大功也。此父兄之任也，王何不召公子氾而問焉？」王召公子氾而告之。對曰：「講亦悔，不講亦悔。王今割河東而講，三國歸，王必曰：三國固且去矣，吾特以三城送之。不講，三國必入函，則國必大舉矣，王必大悔曰：「不獻三城也。臣故曰：王講亦悔，不講亦悔。」王曰：「爲我悔也，寧亡三城而悔，無危乃悔。寡人斷講矣。」（內儲說上）

貳、強國要略

一、嚴法禁以安內政

韓非不崇仁義而尙法治，以爲法行天下，治人者執法以行其政，治於人者遵法以事其業，如此則上下相親，內功立，外名成，國以富強矣。故曰：

治強不可責於外，內政之有也。今不行法術於內，而事智於外，則不至於治強矣。（五蠹）

使周、衞緩其從衡之計，而嚴其境內之治，明其法禁，必其賞罰，盡其地力，以多其積；致其民死，以堅其城守；天下得其地則其利少，攻其國則其傷大，萬乘之國莫敢自頓於堅城之下，而使強敵裁其弊也。此必不亡之術也。（五蠹）

治民者，刑勝，治之首也；賞繁，亂之本也。夫民之性，喜其亂而不親其法。故明主之

治國也，明賞則民勸功，嚴刑則民親法。勸功則公事不犯，親法則姦無所萌。（心度）

有道之主，遠仁義，去智能，服之以法，是以譽廣而名威，民治而國安。（說疑）

釋法術而任心治，堯不能正一國。去規矩而妄意度，奚仲不能成一輪。廢尺寸而差短長，王爾不能半中。使中主守法術，拙匠執規矩尺寸，則萬不失矣。君人者能去賢巧之所不能，守中拙之所萬不失，則人力盡而功名立。（用人）

二、自恃重於恃人

韓非既以爲人皆自私自利，則道義不可依恃，道義既不可依恃，則唯自求奮發圖強而已。個人如此，國亦同然，故韓非力主治國必須自恃其本國之富強，而不可仰賴他人之援助。

明夫恃人不如自恃也，明於人之爲己者，不如己之自爲也。（外儲說右下）

簡法禁而務謀慮，荒封內而恃交援者，可亡也。（亡徵）

恃交援而簡近鄰，怙強大之救而侮所迫之國者，可亡也。（亡徵）

內不量力，外恃諸侯，則削國之患也。（十過）

恃鬼神者慢於法，恃諸侯者危其國。（飾邪）

凡明主之治國也，任其勢。勢不可害，則雖強天下無奈何也，而況孟常、芒卯、韓、魏能奈我何？其勢可害也，則不肖如如耳、魏齊及韓魏猶能害之。然則害與不侵，在自恃而已矣。（難三）

明主者，不恃其不我叛也，恃我不可叛也；不恃其不我欺，恃我不可欺也。（外儲說右上）

此韓非所主張之自強之道，自強在於自恃，而不可以恃人，以人皆利己之故，恃人最不可靠，設其專意恃人，則國亡身死，爲天下笑而不足怪矣。

三、尚力之國家觀

韓非既深明治國之當自恃而不可恃人，則進而謀求自強之道，發而爲尚力之國家觀。其所謂「力」，對外指一國之軍事與經濟之實力足可抵禦外侮；對內指君主之權力足以統治全國而言。韓非云：

敵國之君王雖說吾義，吾弗使入貢而臣；關內之侯雖非吾行，吾必使執禽而朝。是故力多則人朝，力寡則朝於人，故明君務力。（顯學）

上古競於道德，中世逐於智謀，當今爭於氣力。（五蠹）

古人亟於德，中世逐於智，當今爭於力。（八說）

君人者，國小則事大國；兵弱則畏強兵。大國之所索，小國必聽；強兵之所加，弱兵必服。（八姦）

至其論及君主之統治權力，則曰：

凡人主之國小而家大，權輕而臣重者，可亡也。（亡徵）

權勢不可以借人，上失其一，臣以爲百，故臣得借則力多，力多則內外爲用，內外爲用

則人主壅。（內儲說下）

君執柄處勢，故令行禁止。柄者，殺生之制也；勢者，勝衆之資也。（八經）

夫國之所以強者，政也；主之所以尊者，權也。（心度）

萬乘之主，千乘之君，所以制天下而征諸侯者，以其威勢也。威勢者，人主之筋力也。（人主）

四、勵耕戰以強國

韓非以爲國之富強，端賴兵農二民，兵以強其戰力，農以富其財力，故竭力提倡獎勵耕戰之士以求強國，此卽所謂「明君務力」（顯學）之道也。其言云：

富國以農，距敵恃卒，而貴文學之士，治強不可得也。（五蠹）

夫好顯巖穴之士而朝之，則戰士怠於行陣；上尊學者，下士居朝，則農夫惰於田。戰士怠於行陣者，則兵弱也；農夫惰於田者，則國貧也。兵弱於敵，國貧於內，而不亡者，未之有也。（外儲說左上）

耕戰之士於國之富強，旣重要若是，則宜當鼓勵而獎譽之也。且人皆好利，戰陣雖危，以其有巨賞可得，人且捨命以逐敵矣；耕作雖勞，以其有大利可獲，人且任勞以苦作之矣。故曰：

設民所欲，以求其功，故爲爵祿以勸之。（難一）

夫耕之用力也勞，而民爲之者，曰：可得以富也；戰之爲事也危，而民爲之者，曰：可

得以貴也。（五蠹）

其獎勵之法，或以良田大宅爲賞，或以官爵厚祿爲獎：

夫上陳良田大宅，設爵祿，所以易民死命也。（顯學）

夫陳善田利宅者，所以勵戰士也。（詭使）

或主重視農民，壓抑工商，令耕者可納粟以請爵，以提高其地位：

明王治國之政，使其商工游食之民少而名卑，以趣本務而外末作。（五蠹）

民有餘食，使以粟出爵，爵必以其力，則農不怠。（飭令）

反之，若無功得賞，則耕者不疾作，戰者不赴敵矣。

國有無功得賞者，則民外不務當敵斬首，內不急力田疾作，皆欲行貨財，事富貴，爲私善，立名譽，以取尊官厚俸。（姦刦弒臣）

無功者受賞則財匱而民望，財匱而民望則民不盡力矣。（飾邪）

韓非一貫之主張，乃以「賞罰」爲推行政策之重要手段，欲民之從事耕作，勇赴戰陣，尤須重視法治：

官行法則浮萌趨於耕農，而游士急於戰陳。（和氏）

明其法禁，必其賞罰；盡其地力，以多其積；至其民死，以堅其城守。（五蠹）

境內之民，其言談者必軌於法，動作者歸之於功，爲勇者盡之於軍。是故無事則國富，有事則兵強。（五蠹）

附錄一　韓非子論「利」

（原載南洋大學學報第三期）

一、前言

周代自平王東遷，王權不爲諸侯所重，天子至於名存實亡。春秋之際，五伯稱雄，擁兵專地，互爲攻伐，有明主在朝，固尚可維繫一時；設係庸主臨政，則大夫當權，而至於陪臣執國命矣。演至於甚，乃有三家之分晉，田氏之篡齊。及至戰國，羣雄蠭起，愈演愈烈，仁義禮信固無人顧念，德化教育亦鮮有留情者。弱肉強食，唯事於力耳。故韓非子顯學篇曰：

是故力多則人朝，力少則朝於人，故明君務力。

八說篇曰：

古人逐於德，中世逐於智，當今爭於力。

五蠹篇曰：

偃王仁義而徐亡，子貢辯智而魯削。以是言之，夫仁義辯智，非所以持國也。去偃王之仁，息子貢之智，循徐、魯之力，使敵萬乘，則齊、荆之欲不得行於二國矣。

唯其如此，故當時列國諸侯，莫不銳意圖強，以自求生存發展者。列國之中，尤以秦孝公用商鞅之變法，最見功效。韓非者，韓之諸公子也。列國之稱雄者凡七，而以韓爲最削弱，自立國以來，地不足千里，而東齊、西秦、南楚及北之趙、魏，皆虎視眈眈，在在俱威脅弱韓。韓非生當斯時是國，不見仁義德化之功，但聞法術權詐之效，因乃力主以法術治政，以功利強國矣。

論述韓非之思想者，歷來連篇累牘見於世者已衆矣，而於其法術權勢之主張，刑德用人之見解，尤多發揮，此固以「集法家學說之大成」譽之矣。然竊謂韓非「與李斯俱事荀卿」（註一），荀主性惡，與孟之性善論說不同科，韓非既受其學，則其性惡之論，容或影響及於韓非。今展卷披閱韓子書數過，終其全書未見「性惡」之說，意甚怪之。因乃自其掌故寓言與夫「功利之論」中以求之，恍然自得曰：荀卿所謂之性惡，唯指「人欲」之一端耳，設「人欲」泛濫，則人之性惡已得具體之表現矣。「人欲」云者，卽飲食男女、好逸惡勞、貪多務得、見利忘義之念也。韓非子通篇所論，莫非「人欲」也，而其中於法術權勢、刑德用人之外，復深究於「利」之一端，此世人尙無專論以述之也，因乃撰「韓非子論『利』」焉。

二、人皆好利，然逐利方式不同

韓非以爲：凡人皆好利者，其偶有一二不好利者，蓋非「常理」中人，卽今人所謂凡事皆有例外，此一二人卽是例外之人。故五蠹篇：

民之正計，皆就安利，如辟危窮。

「如」者，「而」也（註二）；「辟」者，「避」也。言凡民之正計，皆趨就於其以爲安利之途，而避免其可能發生危窮之境也。

以人之好利故，其心繫於所欲之利矣，乃往往忘其所惡。蓋其心於此之時，但見利重而感所惡者輕之故也。韓非子內儲說上——七術云：

鱣似蛇，蠶似蠋。人見蛇則驚駭，見蠋則毛起，然婦人拾蠶，漁人握鱣，利之所在，則忘其所惡，皆爲賁諸（註三）。

醫生以其爲利之故，至於吮人瘡口，含人膿血；與人冀人多富貴以售其輿；匠人冀人夭死以買其棺；后妃太子則冀君早崩，以得其權勢之利。惟是「人皆好利」之故，乃有如是不同之意念。非醫者德而后妃毒；與人仁而匠人賊也，其逐利之方式有不同耳。故韓非子備內篇云：

桃左春秋（註四）：「人主之疾死者，不能處半，人主弗知，則亂多資。故曰：利君死者衆則人主危。故王良愛馬，越人勾踐愛人，爲戰與馳。醫善吮人之傷，含人之血，非骨肉之親也，利所加也。與人成輿，則欲人之富貴；匠人成棺，則欲人之夭死也。非與人仁而匠人賊也，人不貴，則與不售；人不死，則棺不買。情非憎人也，利在人之死也。故后妃夫人太子之黨成，而欲君之死，君不死，則勢不重。情非憎君也，利在君之死也。故人主不可不加心於利己死者。

以人之本性好利，則順其好利之性，以教導如何逐利者有之。外儲說右下云：

田鮪教其子田章曰：欲利而身，先利而君；欲富而家，先富而國。

「而」者，「爾」也，「汝」也。「而」「爾」「汝」古聲母同，故可通假。今按：此語雖視之有「凡事先於君，先於國」之義，其實非重於君、重於國之論也。其所以「先利而君」、「先富而國」之目的在「利而身」、「富而家」，蓋謂汝之目的在求一己之利與一家之富，然汝之手段當須自先利於君、先富於國始也。

就以上數端觀之，亦可知韓非所主張之「人皆好利」之理論與見解矣。

三、利之所由生，在於勤儉

韓非以爲利之所由生，在於勤儉，而毀於侈惰。所謂勤，非徒指農夫之勤耕力作而已，即醫者吮人血，匠人之制輿成棺，婦人之拾蠶，漁人之握鱣，亦皆「勤」之表現也。然徒勤不足以成富，又當以儉輔之。至好逸惡勞，侈惰成性，則其貧窮也必矣。顯學篇云：

今夫與人相若也，若無豐年旁入之利，而獨以完給者，非力則儉也；與人相若也，無饑饉疾疢禍罪之殃，獨以貧窮者，非侈則墮也。侈而墮者貧，而力而儉者富。

又六反篇云：

今家人之治產也，相忍以饑寒，相強以勞苦，雖犯軍旅之難、饑饉之患，溫衣美食者，必是家也；相憐以衣食，相惠以佚樂，天飢歲荒，嫁妻賣子者，必是家也。

故民人生利之道，在循天時，愼陰陽；不務多欲，勤於耕織；事畜養，察土宜，順時力作，則其收入必多。君王欲國富，則當鼓勵萬民，使審於天時，致其人事。明權計，察地形，發揮舟車機械之利，尤當暢通商市關梁之行。使客商歸之，外貨留之，則國之富也，必有日矣。難二篇云：

舉事愼陰陽之和，種樹節四時之適，無早晚之失，寒溫之災，則入多。不以小功妨大務，不以私欲害人事，丈夫盡於耕農，婦人力於織紝，則入多。務於畜養之理，察於土地之宜，六畜遂，五穀殖，則入多。明於權計，審於地形，舟車機械之利，用力少，致功大，則入多。利商市關梁之行，能以所有致所無，客商歸之，外貨留之，儉於財用，節於衣食，宮室器械周於資用，不事玩好，則入多。皆人爲也。若天事：風雨時，寒溫適，土地不加大，而有豐年之功，則入多。人事、天功二物者，皆入多，非山林澤谷之利也。

勤以生利，儉於用度，而以致富者，自古已然，於今無異也。驕奢淫逸，多敗家喪身，非獨貧窮而已也。此韓非蚤已鑒及，故而有如上之論也。

四、人之好利，永無止境

韓非以爲人之好利，乃永無滿足之時者，若以爲足民而後可以爲治，此亦妄想耳。故韓非主張惟有立法制，定賞罰，而後可以爲治，捨此皆徒勞無功之爲也。六反篇云：

老聃有言曰：「知足不辱，知止不殆」（註五）。夫以殆辱之故而不求於足之外者老聃也；今以爲足民而可以治，是以民爲皆如老聃也。故桀貴在天子之位而不足於尊，富有四海之內而不足於寶。君人者雖足民，不能足使爲天子，而桀未必以爲天子爲足也；則雖足民，何可以爲治也？故明主之治國也：適其時事以致財物，論其稅賦以均貧富，厚其爵祿以盡賢能，重其刑罰以禁姦邪，使民以力得富，以事致貴，以過受罪，以功致賞，而不念慈惠之賜，此帝王之政也。

以人之好利之心永無止境，故韓非以爲君人者，永不能臻至「足民」之境，蓋縱令努力於足民之事，然不能使萬民皆達天子之富。且卽令可達天子之富，而桀、紂未嘗以天子之富爲滿足，則人之永不可滿足也可知矣。以此論觀之，可知人之好利之心，確爲永無止境者也。

今人謂人之欲望爲無止境者，韓非深明其理，故引管仲之言，以謂富之無涯；富既無涯，則人之好利亦無盡時，說林下云：

桓公問管仲曰：「富有涯乎？」答曰：「水之以涯（註六），其無水者也；富之以涯，其富已足者也。人不能自止於足而亡，其富之涯乎！」

人至死而不知足，此乃人之好利之心之眞情反映也，其好利之永無止境，於此亦可了然矣。

五、孝慈愛信皆僞，唯好利爲眞

韓非旣以人皆好利者矣，因乃深究至於至親父母，發覺父母之養子女，亦以利爲心者，所謂孝慈愛信、親情恩澤，非出自天生善性，乃因利而轉移者，蓋利之多寡，往往易於改變此類德行與情愫者，故六反篇云：

且父母之於子女，產男則相賀，產女則殺之。此俱出父母之懷衽，然男子受賀。女子殺之者，慮其後便，計之長利也。

夫人臣之事君，亦以利爲心者，所謂忠於君、忠於國云者，無非好利之手段而已。故韓非以爲，人臣爲獲得私利，至於百般設計，以近君王，君王不察，或信之過甚，乃至於權柄盡落大臣之手，受其脅制，則君位必危矣。若論及君主受大臣脅制之因由，則以大臣欲利，而君王不察之故也。若夫君王多其嗜欲，顯現己身之所好所惡，羣臣輒終日爲計以投君王之所好，以避君之所惡；爲君者久之而不自知，爲大臣所好，信之爲忠誠，委之以大任，則受其挾持脅制，必不可免矣。二柄篇云：

越王好勇而民多輕死；楚靈王好細腰而國中多餓人；齊桓公妬外而好內，故豎刁自宮以治內；桓公好味，易牙蒸其子首而進之；燕子噲好賢，故子之明不受國。故君見惡，則羣臣匿端；君見好，則羣臣誣能；人主見欲，則羣臣之情態得其資矣。故子之託於賢以奪其君者也；豎刁、易牙因君之欲以侵其君者也。其卒，子噲以亂死，桓公蟲流出戶而不葬。此其故何也？人君以情借臣之患也。人臣之情非必能愛其君也，爲重利之故也。

故韓非以爲，人之好利，雖聖賢所不能免，其所以見利而不顯明流露其好利之心、或見利而不卽取之者，以明知不可得，故不取之也；若可取而必得，且可不爲人所察覺者，則雖古之廉士亦不忍棄其利矣。六反篇云：

夫陳輕貨於幽隱，雖曾、史可疑也（註七）；懸百金於市，雖大盜不敢也。不知，則曾、史可疑於幽隱；必知，則大盜不取懸金於市。故明主之治國也，衆其守而重其罪，使民以法禁而不以廉止。

曾、史，蓋謂曾參、史魚二人，古之以廉直名於世者也。韓非以爲人之本性好利，若夫有利而不取者，特以衆目睽睽，明知其不可取耳。至若陳輕貨於幽隱之地，則雖曾、史之廉直，亦不能決然不取者矣。

人與人之間，無論關係之疏密，皆挾自爲之心者。朋友相與，固兩心斤斤於利；卽父母至於子女，亦以此居心，此事前文已略及之矣。至夫傭客之於主人，則尤非利而莫能事其事矣。外儲說左上云：

人爲嬰兒也，父母養之簡，子長而怨。子盛壯成人，其供養薄，父母怒而誚之（註八）。子父，至親也，而或誚或怨者，皆挾相爲而不周於爲己也。夫買庸而播耕者，主人費家而美食，調錢布而求易者，非愛庸客也，曰：如是，耕者且深耨熟耘也。庸客致力而疾耘耕，盡巧而正畦陌者，非愛主人也，曰：如是，羹且美，錢布且易云也。此其養功力，有父子之澤矣，而心調於用者，皆挾自爲之心也。故人行事施予，以利之爲心，則越人易

和；以害之爲心，則父子離且怨。

原文「調布而求易錢」，王煥鑣氏「韓非子選」以爲：調者選也；布卽錢幣；易者，換也；「求」字疑衍。又「錢布且易云也」句，王氏云：「云」疑是「去」之壞字，收藏之意，漢書蘇武傳：「掘野鼠，去屮實而食之」。「去」卽「弆」；「易去」，容易儲蓄（註九）。今按王說不可從，高亨「韓非子補箋」（註一〇）云：「當作『調錢布而求易者』，錢字誤竄入下文耳。漢書宣帝紀：調關東輕車銳卒。顏注：調，選也。易繫辭：險易，釋文引京注：易，善也。調錢布而求易，謂主人選擇錢布而求其良者以與庸也。易訓善，亦可訓爲良。雲飛按：高說是也，如是則下文「錢布且易云也」，亦無不可解者矣。

老子以爲「將欲奪之，必固與之」（註一一），人之心固如是也。欲得人之助，宜先助人；欲取於人，固當先有以予人者，而將軍之欲得士卒效死命以赴敵陣，尤當於平時厚待部下，予以大利，使其心深感之，而後可以用之也。韓非深以此意爲然，故其於外儲說左上云：

吳起爲魏將而攻中山，軍人有病疽者，吳起跪而自吮其膿。傷者之母立泣，人問曰：「將軍於若子如是，尙何爲而泣？」對曰：「吳起吮其父之創而父死，今是子又將死也，吾是以泣。」

「死」，蓋謂其人感將軍所愛之深，因乃不得不捨命以報將軍，其父以是而死，其子必又將以是而死，故其母泣之悲也。

以人必好利之故，凡忠心事君者，必非出於至誠，唯以其受君王威勢之脅制，一時無罅以奪君之大利耳。設一旦有罅隙可乘，有大利可圖，則其臣鮮有不弒其君以謀大利者矣。難四篇曰：

> 或曰：「千金之家，其子不仁」，人之急利甚也。桓公，五伯之上也，爭國殺其兄，其利大也。臣主之閒，非兄弟之親也，刼殺之功，制萬乘而享大利，則羣臣孰非陽虎。

陽虎，欲弒其君以謀己身之大利者也。韓子以人臣皆欲弒君以謀己利者，其居心與陽虎無二致，其有欲弒君而未見諸行動者，則以時機未成熟，尚無罅隙可乘已耳。

韓非以爲，見利忘義，乃人之常情，非徒義也，舉凡孝、慈、愛、信，率皆僞情，未有出自至誠者也，觀以上所舉諸端，自亦可窺其論理之梗要矣。

六、利之多寡不同，爭讓之情亦異

韓子以爲，人固好利者也，然因財物之多寡不同，其爭讓之情亦迥乎有異。首論人之爭財，古今不同：古者民寡財多，故民不爭；後世民多而財不足，故爭奪由是以起。五蠹篇云：

> 古者，丈夫不耕，草木之實足食也；婦人不織，禽獸之皮足衣也。不事力而養足，人民少而財有餘，故民不爭。是以厚賞不行，重罰不用，而民自治。今人有五子不爲多，子又有五子，大父未死而有二十五孫，是以人民衆而貨財寡，事力勞而供養薄，故民爭。雖倍賞累罰而不免於亂。

次論人之有辭讓之心，亦因財利之厚薄而異者：古帝王之讓天下，非以其德高而存是心，蓋爲民興利除害，其勞苦必倍蓰於常品，爲捨其重責苦任，不得不讓天下也。故唐堯、虞舜之輕讓天下不爲貴，許由、務光之不受天下不爲高。及夫後世，爲君者皆視天下爲一己之私有產業，以窮奢極侈爲享受此產業花息之具體行爲，故自夏后氏以降，不復有辭讓天下之事也。得帝王之業，固可累世爲無窮之享受，卽一小縣之令長，其享受亦過於太古之帝王，雖云位卑，亦利之所在也。五蠹篇云：

堯之王天下也，茅茨不翦，采椽不斲，糲粢之食，藜藿之羹，冬日麑裘，夏日葛衣，雖監門之服養，不虧於此矣。禹之王天下也，身執耒臿以爲民先，股無完胈（註一二），脛不生毛，雖臣虜之勞，不苦於此矣。以是言之，夫古之讓天子者，是去監門之養，而離臣虜之勞也，故傳天下而不足多也。今之縣令，一日身死，子孫累世絜駕，故人重之。是以人之於讓也，輕辭古之天子，難去今之縣令者，薄厚之實異也。

古者人寡財多，故輕利易讓，乃有讓天下而人不受之者，此例前文固已及之矣。其所以輕讓者，非古之人不好利也，蓋以古帝王之任重，而無私利之可享故也。惟其如此，古帝王治國之法，亦不可施之於今也。八說篇云：

古者，人寡而相親，物多而輕利易讓，故有揖讓而傳天下者。然則行揖讓高慈惠而道仁厚，皆推政也。處多事之時，用寡事之器，非智者之備也。當大爭之世，而循揖讓之軌，非聖人之治也。故智者不乘推車，聖人不行推政也。

今按「推政」「推車」，日本太田方韓非子翼毳（註一三）云：「推當作椎，言上古朴質之政也」。今按「椎車」或謂「椎輪」言原始質朴之車也，故政亦云「椎政」。「聖人」謂通法術之高人，五蠹篇云：「世異則事異，事異則備變」，與此義同。蓋謂上古之時世不同於後代，其時事簡人少而財多，故其治政之法至爲簡易；今世人多財寡而事繁，無論爲政，治人，皆不可援用舊時之法則矣。

今世之治經濟學者，皆云物質價值之高下，決定於客觀環境中之時間、空間及人事，舉例以言之，如：今人視鑽石爲至寶，其價值之高，冠乎同體積之其他百物，此蓋於飽食暖衣之太平盛世而言者。若夫兵荒馬亂，益以天災人禍，而至哀鴻遍地，民不聊生，衣不得一暖，食不得半飽，則此時雖擁有巨萬鑽石，欲以換取一衣一食，往往無人接受，則鑽石之價值與夫砂礫土石無以異矣。此卽所謂物質之價值隨客觀之環境而異者也。五蠹篇云：

夫山居谷汲者，膢臘相遺以水；澤居苦水者，買庸而決竇。故饑歲之春，幼弟不饟；穰歲之秋，疏客必食；非疏骨肉、愛過客也，多少之實異也。是以古之易財，非仁也，財多也；今之爭奪，非鄙也，財寡也；輕辭天子，非高也，勢薄也；重爭土橐（註一四），非下也，權重也。

所謂「古之易財」云者，蓋言上古之世，人少財多，男不須耕，女不必織，草木之實足食，禽獸之皮足衣，衣食無虞，故不須爭，卽其所謂「易財」之意也；易財者輕視財物也。又「輕辭天子」云者，蓋謂上古之世，爲帝王者，終年事於爲民興利除害，艱苦倍蓰於常人，故方是時也，讓位以辭天子之事，時有所聞。至「士託」之事，雖非王侯之貴，然其所享之「安利」，則視古帝王之負艱辛、冒死生以除民害者，又自相差遠甚，故以「重爭」言之也。

人無不好利者，然爭讓之情，則須視客觀之環境之異而有不同：時之後先、人之衆寡、財之多少，皆與爭讓之實有直接之關繫，韓非特重功利，故於此事，研之尤精，以上數端，蓋其大焉者也。

七、利害相反，故同利者多相殘

「利害有反」(註一五)，同利相殘。爾之利適乃我之害，如彼此所欲之利相同，則爲謀得已利往往不惜以毒手殘害對方。以人皆好利之故，則同利相殘亦屬常情，非離奇怪異之事也。內儲說下云：

> 齊中大夫有夷射者，御飲於王，醉甚而出，倚於郎門。門者刖跪請曰：「足下無意賜之餘瀝乎？」夷射叱曰：「去！刑餘之人，何事乃敢乞飲長者！」刖跪走退。及夷射去，刖跪因捐水郎門霤下，類溺者之狀(註一六)。明日，王出而訶之，曰：「誰溺於是？」刖跪對曰：「臣不見也。雖然，昨日中大夫夷射立於此。」王因誅夷射而殺之。

此蓋以齊中大夫夷射與刖跪之事，說明人臣之利益相同，而至於互相殘害之結果也如此。人臣之間，旣有類此之事，則爲君王者，不可不深愼之矣。

內儲說下又云：

魏王遺荊王美人，荊王甚悅之。夫人鄭袖知王悅愛之也，亦悅愛之甚於王。衣服玩好，擇其所欲爲之。王曰：「夫人知我愛新人也，其悅愛之甚於寡人；此孝子之所以養親，忠臣之所以事君也。」夫人知王之不以己爲妒也，因爲(註一七)新人曰：「王甚悅愛子，然惡子之鼻。子見王，常掩鼻，則王常幸子矣。」於是新人從之，每見王，常掩鼻。王謂夫人曰：「新人見寡人常掩鼻，何也？」對曰：「已不知也。」王強問之，對曰：「頃嘗言惡聞王臭。」王怒曰：「劓之！」夫人先誡御者曰：「王適有言，必亟從命。」御者因揄刀而劓美人。

鄭袖與新人同利，新人不知，而鄭袖則是以詳密之計劃而破壞對方者，所謂「先誡御者曰：王適有言，必亟從命。」此一「先」字，已可知其熟計之久矣。蓋鄭袖於君王未怒之際，已先誡御者宜亟從事，不可猶疑，否則但恐頃刻之後，君王頓悟他人有詐而生懊悔之意而不劓之也。其用心之狠毒陰險，觀文可見，蓋亦深謀遠慮之爲也。

又設若己身欲得某種利益，然其利已爲他人捷足先得之矣，乃設計爲陷，以害與己同利者，蓋彼去則我可得此利之故也。

內儲說下云：

僖侯浴，湯中有礫。僖侯曰：「尚浴免，則有當代者乎？」左右對曰：「有。」僖侯曰：

「召而來。」譙（註一八）之曰：「何爲置礫湯中？」對曰：「尚浴免，則臣得代之，是以置礫湯中。」

僖侯深知同利相殘之理，因可輕易揭發「當代者」之陰謀也。其同利相殘之事有如是者，然亦人之常情也，以人皆好利之故也。

內儲說下又云：

晉平公觴客，少庶子進炙而髮繞之。平公趣殺炮人，毋有反令。炮人呼天曰：「嗟呼！臣有三罪，死而不自知乎？」平公曰：「何謂也？」對曰：「臣刀之利，風靡骨斷而髮不斷，是臣之一死也。桑炭炙之，肉紅白而髮不焦，是臣之二死也。炙熟，又重睫而視之，髮繞炙而目不見，是臣之三死也。意者堂下其有翳憎（註一九）臣者乎？殺臣不亦蚤乎？」

此亦因有欲得庖人之職者，以前庖不死，則己身無自以取代之，因乃設計陷害，冀其蚤死，己身可得而代之也。

自以上數端觀之，韓非以爲「利害有反」與夫同利相殘之意，已揭然若舉矣。其利害相殘之居心有如是者，且爲一般常人所必有之心，則爲人處世豈可不深愼者乎？

八、利害相權，則取重而捨輕

趣利避害，既爲人所必爲者矣，然利害有輕重之異者，故宜視其輕重以決定其當取與否。設有利，且爲大利，然趨之或有危險以傷吾生者，若其危險雖有而不必，則亦冒其險以趨之矣。設利重而害輕，則雖庸人亦承受其小害以謀其巨利矣；設利輕而害重，則雖窮途之人，亦需愼重以計議其可取與否也。韓非子以爲：人之冒死以求大利者，以其死之不必也。若幸而不死，則可獲其所欲之大利，而受享無窮矣！奚不樂而爲之哉？故戰士之捨命以殺敵，盜賊之冒險以掠搶，其理可知矣。內儲說上云：

荆南之地，麗水之中生金，人多竊采金。采金之禁：「得而則辜磔於市。」所辜磔甚衆，壅離（註二〇）其水也，而人竊金不止。夫罪莫重於辜磔於市，猶不止者，不必得也。故今有人於此曰：「予汝天下而殺汝身。」庸人不爲也。夫有天下，大利也，猶不爲者，知必死。故不必得也，則雖辜磔，竊金不止；知必死，則雖有天下，不爲也。

設夫受微罪而可得巨利，則人必忍其痛、苦其志以爲之矣；設受大罪而得小利，或受罪而竟不得利，則雖庸人亦不爲之也。內儲說上云：

齊國好厚葬，布帛盡於衣衾；材木盡於棺槨。桓公患之，以告管仲曰：「布帛盡則無以爲蔽，材木盡則無以爲守備，而人厚葬之不休，禁之奈何？」管仲對曰：「凡人之有爲也，非名之，則利之也。」於是乃下令曰：「棺槨過度者戮其尸，罪夫當喪者。」夫戮尸，無名；罪當喪者，無利。人何故爲之也？

正當禁止之事，不可予人以方便，而使其於禁中得利；與衆有利之事，不可禁之，禁之亦必不幾於成功者，蓋人必好利之故也。好利爲人之本性，順之則成，逆之則亂，故明君爲政，其所以誘之以利者，其理在斯。外儲說左下曰：

> 利所禁，禁所利，雖神不行；譽所罪，毀所賞，雖堯不治。夫爲門而不使入，委利而不使進，亂之所以產也。

當禁而利，當利而禁，爲政而如此，則雖神亦行之不通矣！況人而非神乎？委利而不使進，猶爲門而不使入，此亂之所由生也，可不深愼者乎？

人情皆欲就安利、去危害，以事其生者，若爲君而不能令忠臣得其安利，反使姦人身尊家富，則無人欲爲貞信之行，而國內盡屬姦宄爲非以蔽其主者矣。凡人皆好利，若忠而不可得利，反以姦而得之，則人何姦而不爲之哉？故姦劫弒臣篇云：

> 夫安利者就之，危害者去之，此人之情也。今爲臣盡力以致功，竭智以陳忠者，其身困而家貧，父子罹其害。爲姦利以蔽人主，行財貨以事貴重之臣者，身尊家富，父子被其澤。人安能去安利之道，而就危害之處哉？治國若此其過也，而上欲下之無姦，吏之奉法，其不可得亦明矣。故左右知貞信之不可得安利也，必曰：我以忠信事上，積功勞而求安，是猶盲而欲知黑白之情，必不幾矣。

韓非以爲，人無不好利者，爲善而可得利，則爲善以得之；爲惡而可得利，則雖惡亦爲之矣。設若利微而所爲之惡大，則以人之聰明，當可權衡以取舍之也。要之，人無不好利者也。故爲善而不得利，其善必不可久；無利而爲惡，雖稚子亦深慮之矣。

九、以利計巧，雖巧亦拙

凡工巧之事，若視其與吾身之有利與否計之，亦即：僅重其實用之價值，而無論其巧藝精細之價值，則巧者不爲巧，拙者反爲巧矣。譬諸鏤匠，耗費其三年五載之工，精彫一象牙之寶塔，美則美矣，巧則巧矣，然無當於用也，旣不若椅櫈之可坐，亦不若牀帳之可臥，若以韓非子之見以度其價值，則其巧爲徒然者矣，故曰「不巧」。夫竹木之匠則不然，費一朝之工，可編三籃，能制二椅，籃可盛物，椅能坐人，不類象牙之塔之可觀而不可使也。韓非計巧，概以可用與否爲準則，故以不巧爲巧，而以巧爲不巧也。外儲說左上云：

墨子爲木鳶，三年而成，蜚一日而敗，弟子曰：「先生之巧，至能使木鳶飛。」墨子曰：「不如爲車輗者巧也：用咫尺之木，不費一朝之事，而引三十石之任，致遠力多，久於歲數。今我爲鳶，三年成，飛一日而敗。」惠子聞之曰：「墨子大巧。巧爲輗，拙爲鳶。」（註二一）

此雖謂墨子云云，實則韓非之見如此，韓非特重功利，而其價值觀念又特重實用價值，故雖大巧亦不爲巧矣。外儲說左上又云：

宋王與齊仇也，築武宮，謳癸倡（註二二），行者止觀，築者不倦。王聞，召而賜之。對曰：「臣師射稽之謳又賢於癸。」王召射稽，使之謳，行者不止，築者知倦。王曰：「行者不止，築者知倦。其謳不勝癸，如美，何也？」對曰：「王試度其功：癸四板，射稽八板；擿其堅：癸四寸，射稽二寸。」

「行者止觀，築者不倦。」謂行路者止步而觀聽其唱歌，築者亦因心用於聆其歌，雖築而用力甚少，所謂「心不在焉」，故不知倦。「四板」「八板」，一板長一丈廣二尺，「四板」有八尺之高，「八板」，則有一丈六尺之高，其所築者高，則其功多。「擿其堅」謂抉撥其泥，以審其堅實與否，則聆癸之歌者，以分心而不用力，故一板（二尺）之土，築爲五寸之高，尚不堅實；而聆射稽之歌者，分心較少，用力尚專，故一板（二尺）之土，緊築而爲二寸，已甚堅實矣。若以實利計之，則射稽之歌有利，而謳癸之歌不利，故曰「射稽之謳又賢於癸」也。歌爲藝術之事，以心性之感受爲美，若以實用價值計之，則其價值爲視之勿見，觸之不知有物之「情性感受美」，韓非所云之利，皆謂可見可得之實利，故歌藝雖巧，並無價值之可言也。

故循是而論之，凡無實利者，皆不可謂爲「巧」，若夫辯智之論，雖聞之悅耳，然無益於國；孝悌之行，其爲德雖高，然無實利於國，故孔、墨不爲高，曾、史不可尚矣。八說篇云：

博習辯智如孔、墨，孔、墨不耕耨，則國何得焉？修孝寡欲如曾、史，曾、史不戰攻，則國何利焉？

至若空談不可實現之理想，敷衍遠古之盛世，巧辭辯說，其言固美，而於眼前之境無補，於身居之國無助，則其論雖高，終屬虛誕之說，與巫祝之終日祝告祈禱，而無一絲一毫之補益於人生者，無以異也。顯學篇云：

今巫祝之祝人曰：「使若千秋萬歲。」千秋萬歲之聲聒耳，而一日之壽無徵於人，此人所以簡巫祝也。今世儒者之說人主，不言今之所以爲治，而語已治之功；不審官法之事，不察姦邪之情，而皆道上古之傳譽，先王之成功，儒者飾辭曰：「聽吾言，則可以霸王。」此說者之巫祝，有度之主不受也。

韓非之見，凡巧藝之美，皆無價值之可言者，舉凡精彫細鏤，陽春白雪，高言妙論，皆無利於現實生活者，故亦皆以爲無價值之可言，而其所謂有利也者，唯耕耨、戰攻，而可躋其國於富強之境者而已，捨此，皆無利者也。

十、賞罰之法，根於人民好利之心

韓非以爲：法之基礎，在於「刑」「賞」有一客觀之標準，標準既定，則凡事以此準則衡之，合者則賞，不合則罰，行之必不至受私心之喜怒哀樂所左右。至夫推行之易於生效，則又必然者矣。其故安在哉？蓋凡人皆惡罰而利賞之故也。二柄篇云：

何謂刑德？曰：殺戮之謂刑，慶賞之謂德。爲人臣者畏誅罰而利慶賞，故人主自用其刑德，則羣臣畏其威而歸其利矣。

賞罰之法得以立，根於民萌好利之心。設無好利惡罰之心，則賞罰必不行矣。故八經篇云：

賞莫如厚，使民利之；譽莫如美，使民榮之；誅莫如重，使民畏之；毀莫如惡，使民恥之。

至論耕、戰之事，則凡人皆知耕種勞苦，戰陣多危者，然而民之所以爲之者，蓋因明主以重賞鼓勵勸勉之故也。若夫不察利害之庸主，尙文學、崇言談，學者往往以此邀利，以此得貴，則耕、戰之事必無人以事之矣。利之所在，衆必趨之，耕既可以得利致富，戰既可以獲賞遠罰，且可以此致貴，則人皆冒此危苦以爲之矣。凡人之情，若因危苦而可獲大利，則冒危苦以求其大利；若可避危苦以得大利，則必避危苦以求其大利矣。故五蠹篇云：

夫耕之用力也勞，而民爲之者，曰：可得以富也。戰之爲事也危，而民爲之者，曰：可得以貴也。今修文學，習言談，則無耕之勞而有富之實，無戰之危而有貴之尊，則人孰不爲也。

唯因人之必皆好利也，故韓非以爲出重利可以易人死命。詭使篇云：

夫陳善田利宅，所以厲戰士也。

刑賞與人之好利之心，其關繫既如此其不可分，故韓非以爲：天下之治亂，亦唯在於用刑之輕重、用賞之厚薄而已。刑以禁之，賞以勸之，故刑之重者必禁，賞之厚者必勸。至於此術之所以能行，則又因人之有好利惡害之心之故也。凡人皆好利而惡害者，故無論勸、禁，皆甚易收效。而止亂爲治，亦非難事也。六反篇云：

凡賞罰之必者，勸禁也。賞厚則所欲之得也疾；罰重則所惡之禁也急。夫欲利者必惡害，害者利之反也。反於所欲，焉得無惡？欲治者必惡亂，亂者治之反也。是故欲治甚者，其賞必厚矣；其惡亂甚者，其罰必重矣。

以人之好利故，凡有利可圖者，必千方爲計以圖之，設有大利，卽犯刑冒罪，亦甘爲之，故韓非主張重刑。六反篇云：

所謂重刑者，姦之所利者細，而上之所加焉者大也；民不以小利加大罪，故姦必止也。所謂輕刑者，姦之所利者大，上之所加焉者小也；民慕其利而傲其罪，故姦不止也。

故民之爲國而戰，冒死命，輕矢鏑，以其冀得君王所賞之利也；以其畏敗北受誅之害也。夫人希不好利者，然好利而可捨命，則國事無不可爲者矣。難二篇云：

好利惡害，夫人之所有也。賞厚而信，夫人輕敵矣；刑重而必，夫人不北矣。長行徇上（註二三），數百不一人；喜利畏罪，人莫不然。

重賞之下，必得勇夫，非勇夫之誠不畏死也，以有重利之賞可得故也。韓非子於內儲說上舉一例以明「厚賞以得死士」之事云：

吳起爲魏武侯西河之夫，秦有小亭臨境，吳起欲攻之。不去，則甚害田者；去之，則不足以徵甲兵。於是乃倚一車轅於北門之外，而令之曰：「有能徙此南門之外者，賜之上田上宅。」人莫徙之也。及有徙之者，還賜之如令。俄又置一石表於東門之外，而令之曰：「有能徙此於西門之外者，賜之如初。」人爭徙之。乃下令曰：「明日且攻亭，有能先登者，仕之國大夫，賜之上田上宅。」人爭趨之，於是攻亭，一朝而拔之。

凡以上所舉，或謂利賞，或云畏罰，其治之所以得以建立，悉因人民之有好利之心。設有民而不利賞，亦不畏罰，則國事不可爲矣。故韓非以爲：賞罰之法，根於人民好利之心也。

十一、君臣以利合，非以義合

以人皆好利之故，乃君臣之間，各求所利，而至於相互利用。臣之事君，非愛君也，以有爵祿可圖之故也；君之畜臣，非有慈惠於臣也，欲得臣之死力以爲國用也。故君臣之間，乃因利而合者，非以義合者也。難一篇云：

明主之道……設民所欲以求其功，故爲爵祿以勸之；設民所惡以禁其姦，故爲刑罰以威之。慶賞信而刑罰必，故君舉功於臣，而姦不用於上，雖有豎刁，其奈君何？且臣盡死力以與君市，君垂爵祿以與臣市，君臣之際，非父子之親也，計數之所出也。君有道則臣盡力而姦不生；無道則臣上塞主明而下成私。

臣以死力與君市；君以爵祿與臣市，卽此一「市」字，可知君臣之間乃因交相徼利以結合者，誠非以義相合者也。

臣之事君，有私心，亦有公義。私心者，冀得大利而不施勞苦也；公義者，其所支付之勞苦與所獲之私利相等也。若徒獻勞苦以事公府，而不得一絲半毫之私利者，庸臣不爲也；然爲臣而徒得大利，竟不施其勞苦於國，則君又不許也。君臣之居心各異，則惟各自相計以遇合耳，故曰：「君臣也者，以計合者也。」「計」者，言以計算之心，以謀得己身之利之謂也。故君臣之關繫，誠因利相合，而非以義相合者也。飾邪篇云：

人臣有私心、有公義：修身潔白，而行公行正，居官無私，人臣之公義也；汙行從欲，安身利家，人臣之私心也。明主在上，則人臣去私心，行公義；亂主在上，則人臣去公義行私心。故君臣異心。君以計畜臣，臣以計事君。君臣之交計也；害身而利國，臣弗爲也；害國而利臣，君不行也。臣之情，害身無利！君之情，害國無親。君臣也者，以計合者也。

人皆有私心，私心也者，因好利而生者也。人之相與，利人利己，固所願也；即損人以利己，亦多爲之者，其故安在哉？人爲利而生之故也。朋友之相合以利，君臣之相合尤然，韓非深以斯說爲是，探其微而研之精，乃有上舉二端之言論也。

十二、君之得民，以其能爲民興利

古之所謂聖人，其所以受萬民之愛戴，擁之以爲君主者，以其能爲民興利除害之故也。害者，利之反也，除害亦即間接之興利也。所謂「愛民如子」（註二四），「如保赤子」（註二五），皆謂關心民隱，時時以「爲民興利」爲心之謂也。唯其如此，故人民愛戴之，奉之以爲父母（註二六）矣。五蠹篇云：

上古之世，人民少而禽獸衆，人民不勝禽、獸、蟲、蛇；有聖人作，構木爲巢，以避羣害，而民悅之，使王天下，號之曰有巢氏。民食果、蓏、蜯、蛤、腥、臊、惡、臭，而傷害腹胃，民多疾病，有聖人作，鑽燧取火，以化腥臊，而民悅之，使王天下，號之曰燧人氏。中古之世，天下大水，而鯀、禹決瀆。近古之世，桀、紂暴亂，而湯、武征伐。

凡聖人皆知民之必好利者，故其治民也，在在以利民爲心，其目的亦在求如何以利民而已。故心度篇云：

> 聖人之治民，度於本，不從其欲，期於利民而已。

所謂「度於本」云者，謂自根本以計度之也，「本」指「法」而言，故心度篇又有「法者，王之大本也」之言。「不從其欲」謂不縱恣人之欲望，「欲」指文中所謂及之「喜亂惡治」，「樂佚惡勞」之不良習性也。

人之必好利，乃天經地義之事，惟求之之道不同耳。若正直之道可以得利，則爲正直以得之；若姦私之道可以得利，則亦爲姦私以得之矣。故爲君者不可不愼，既明人之必好利，復當設利害之道以納民萌於規矩之中，故刑德之生也，亦惟根於人之好利之心耳。姦刼弒臣篇云：

> 夫君臣非有骨肉之親，正直之道，可以得利，則臣盡力以事主；正直之道，不可以得安，則臣行私以干上。明主知之，故設利害之道，以示天下而已。

惟以民之好利故，凡予民以利者，民必感其德而尊之、報之，故莅民爲君，施惠之德，不可落入大臣之手，否則大臣卽因之而得民以簒國矣。八姦篇云：

> 其於德施也，縱禁財，發墳倉，利於民者必出於君，不使人臣私其德。

而君之欲冀其國之富強，亦當以興利爲重。故治國有三大要務，而以「利」爲首要，蓋無民不可以成國，而「利」爲得民之資故也。詭使篇云：

聖人之所以爲治道者三：一曰利，二曰威，三曰名。夫利者，所以得民也；威者，所以行令也；名者，上下之所同也。非此三者，雖有，不急矣。

夫民之趨利，猶水之流濕，火之就燥，亦天性自然之事也。凡順天應民之君，首必爲民興利除害，除害亦間接之興利也，旣能爲民興利矣，民乃挈妻携子以歸嚮之，此卽得民之謂也。以民之必好利也，故韓非以爲欲得民心，首當爲民興利除害也。

十三、君臣立場不同，故其所利亦異

韓非以爲君主與臣民，因其立場不同，故其所利亦迥乎有異。君之利在得人任能，冀其爲國獻力；臣之利則望無功受祿，不勞獲利。以其心思若是其不同，故爲父之孝子者，必爲君之背臣。公私利異，事於公者，必廢於私，至夫捨命以死國，忠心以事君，則其私利之必不可幾也明矣。故韓非以爲世無忠臣，其偶有現其忠而表其誠者，非其心之誠忠也，以有利之將入於我手之故也。故五蠹篇云：

魯人從君戰，三戰三北。仲尼問其故，對曰：「吾有老父，身死，莫之養也。」仲尼以爲孝，舉而上之。以是觀之，夫父之孝子，君之背臣也。……上下之利，若是其異也。而人主兼舉匹夫之行，而求致社稷之福，必不幾矣。古者，蒼頡之作書也，自環者謂之私，背私謂之公（註二七）。公私之相背也，乃蒼頡固已知之矣。今以爲同利者，不察之患也。

唯因君臣利異，故言談之士，每以迷亂之辭，蠱惑君主，君主受惑既深，乃從其計以事「從」「衡」之術，國利未見，而言談者之位已貴，而利已得。此不知「君臣利異」，且未深審其理之大患也。故五蠹篇又云：

事大爲衡，未見其利也，而亡地亂政矣。……救小爲從，未見其利，而亡地敗軍矣。是故事強，則以外權市官於內；救小，則以內重求利於外。國利未立，封土厚祿至矣。主上雖卑，人臣尊矣；國地雖削，私家富矣。事成，則以權長重；事敗，則以富退處。人主之聽說於其臣，事未成，則爵祿已尊矣。事敗而弗誅，則游說之士孰不爲用矰繳之說而徼倖其後？故破國亡主，以聽言談者之浮說。

君之利，在得人任能，凡事可以交託，居其位而不操勞其心，「無爲」而國可大治，此君之利也。臣之利，在無能而居高位，不事而享厚祿，凡可用欺蒙而獲厚利者，無不爲之，此臣之利也。君臣以立場不同，故其所利亦迥乎大異也。孤憤篇云：

臣主之利，相與異者也。何以明之哉？曰：主利在有能而任官，臣利在無能而得事；主利在有勞而爵祿，臣利在無功而富貴；主利在豪傑使能，臣利在朋黨用私。是以國地削而私家富，主上卑而大臣重。故主失勢而臣得國，主更稱蕃（註二八）臣，而相室剖符，此人臣之所以譎主便私也。

人君往往因欲利過甚，窮奢極侈，沉迷於聲色狗馬，而至禍己殃國者；人臣則往往見主之欲，順主之意，以縱其欲，而亂其心，以圖謀一己之私利者。如此則國事不可收拾，乃至於主愈卑而臣愈貴矣！有國者不可不愼於此也。八姦篇云：

人主樂美宮室臺池，好飾子女狗馬，以娛其心，此人主之殃也。爲人臣者盡民力以美宮室臺池，重賦斂以飾子女狗馬，以娛其主而亂其心，從其所欲，而樹私利其間，此謂養殃。

君之大利，在成其霸業，以冀他日可王於天下；臣之大利，在得高官厚祿，以遂其富貴之願。君欲得其大利，須求官治民用，欲官治民用，宜以爵祿以誘人臣，使其盡力致忠，以爲國用。故六反篇云：

聖人之治也，審於法禁，法禁明著，則官治；必於賞罰，賞罰不阿，則民用。民用官治則國富，國富兵強，而霸王之業成矣。霸王者，人主之大利也。人主挾大利以聽治，故其任官當能，其賞罰無私。使士民明焉：盡力致死，則功伐可立，而爵祿可致，爵祿致而富貴之業成矣。富貴者，人臣之大利也。人臣挾大利以從事，故行危致死，其力盡而不望（註二九）。此謂君不仁、臣不忠，則可以霸王矣。

以君臣之所利不同，故爲臣者有借外國之力以助成己利者，韓非子謂此爲「利異外借」，蓋因君臣之利害矛盾，人臣之所以借用外國之力，蓋以外力以與人主爭利，使易於得手故也。內儲說下云：

荆王欲宦諸公子於四鄰，戴歇曰：「不可。」「宦公子於四鄰，四鄰必重之。」曰：「公子出者重，重則必爲所重之國黨，則是敎子於外市也，不便。」

又云：

宋石，魏將也；衞君（註三〇），荆將也。兩國構難，二子皆將。宋石遺衞君書曰：「二軍相當，兩旗相望；唯毋一戰，戰必不兩存。此乃兩主之事也，與子無有私怨，善者相避也。」

又云：

白圭相魏，暴遺相韓。白圭謂暴遺曰：「子以韓輔我於魏，我以魏待子於韓；君長用魏，子長用韓。」

臣主異利，爲君者不可不知，若信任臣下過甚，以其爲忠於君而誠於國者，則國之被刼持有日矣。八經篇云：

知臣主之異利者王，以爲同者刼，與共事者殺。故明主審公私之分，別（註三一）利害之地，姦乃無所乘。

又制分篇云：

民者好利祿而惡刑罰。

主道篇云：

臣制財利則主失德。

此皆云臣民之好財利者也，好利則忘公，忘公則誤國損民，此與君主之一心欲民治國強者，背道而馳矣。故曰「臣主利異」，爲君者不可不愼於此也。

內儲說下有論「夫妻之利異」一事，蓋以況喩「君臣之利異」者也，其言云：

衞人有夫妻禱者，而祝曰：「使我無故得百束布。」其夫曰：「何少也？」對曰：「益是，子將以買妾。」

「布」即古代之錢幣，謂有衞人之妻禱神求福，冀神靈佑助，不事勞力即可得百束之布，其夫聞之以爲少也，然其妻則爲一己之利益計度，以爲過於百束之數，其夫將以此娶妾，則不特與己無益，抑且有害矣。此謂夫妻利異，蓋以喩「君臣利異」者也。

十四、比周、強練、隱居之士皆無利於國者

以君臣之所利不同，故爲臣者輒因求得己利，乃至朋黨比周，姦私害公，隱正道以揚私曲，壞科法以圖己利，設非聖智之君以臨之，往往無能以馭禁之者，然聖君不世出，智主非長有，則比周結黨之臣，亂國危君，可任心以恣爲之矣。此亂國之臣也，與國有何利之可言？蓋韓非所深痛惡絕之者也。說疑篇云：

若夫齊田恒、宋子罕、魯季孫意如、晉僑如、衞子南勁、鄭太宰欣、楚白公、周單荼、燕子之，此九人者之爲其臣也，皆朋黨比周以事其君，隱正道而行私曲，上逼君，下亂治，援外以撓內，親下以謀上，不難爲也。如此臣者，唯聖王智主能禁之，若夫昏亂之君，能見之乎？

又有爲臣而思小利、忘大義者，唯事於縱君之欲，順主之意，掩蔽賢良，以欺蒙其君；撓亂百官，而爲禍難。此心存害國，意欲刼主之臣也，韓非亦深以爲乃無利於國者也。說疑篇云：

若夫周滑之、鄭王孫申、陳公孫寧、儀行父、荆芋尹、申亥、隨少師、越種干、吳王孫額、晉陽成泄、齊豎刁、易牙，此十二人者之爲其臣也，皆思小利而忘法義，進則揜蔽賢良，以陰闇其主；退則撓亂百官，而爲禍難。皆輔其君，共其欲，苟得一說於主，雖破國殺衆，不難爲也。有臣如此，雖當聖王，尚恐奪之；而況昏亂之君，其能無失乎？有臣如此，皆身死國亡而爲天下笑。

至於強諫之士，則倨傲自恃，疾爭苦說以強君用其言。若其論與國策相契，或有助於國。設其論與國策相牴，亦強君以接受，則非徒無益於國，甚且有害於國，然強諫之士，自信過甚，自是尤堅，往往不問與國策牴觸與否，凡其以爲是者，必不可不從，縱令其身首異處，亦往往強君以從其說。如是則國之大患生矣。故韓非視疾爭強諫之士爲無利於國者，以爲凡此之臣，皆可棄而不取者也。說疑篇云：

若夫關龍逢、王子比干、隨季梁、陳泄治、楚申胥、吳子胥，此六人者，皆疾爭強諫以勝其君，言聽事行，則如師徒之勢；一言而不聽，一事而不行，則陵其主以語，從之以威，雖身死家破，要領不屬，手足異處，不難爲也。如此臣者，先古聖人皆不能忍也。當今之世，將安用之？

隱居處士，或以高潔自賞，不與塵俗相溷，世以爲可貴之士也。韓非則不然，以爲其人孤身獨處，旣無利於國，亦無益於民，誠可棄可鄙之徒耳。外儲說左上云：

齊有居士田仲者，宋人屈穀見之，曰：「穀聞先生之義，不恃仰人而食。今穀有巨瓠，堅如石，厚而無竅，願獻之先生。」仲曰：「夫瓠所貴者，謂其可以盛也。今厚而無竅，則不可剖以盛物；而重如堅石，則不可剖而以斟，吾無以瓠爲也。」曰：「然，穀將欲棄之。」今田仲不恃仰人而食，亦無益人之國，亦堅瓠之類也。

夫所謂高士之流，非徒無利於國，且不順君令，不利國賞，韓非以爲民而不可爲國用，爲不令之民。國不可有不令之民，故韓非惡隱居之士。說疑篇云：

若夫許由、續牙、秦顛頡、衞僑如、狐不稽、重明、董不識、卞隨、務光、伯夷、叔齊，此十二人者，皆上見利不喜，下臨難不恐，或與之天下而不取。有萃辱之名，則不樂食穀之利。夫見利不喜，上雖厚賞無以勸之；臨難不恐，上雖嚴刑無以威之，此之謂不令之民也。此十二人者，或伏死於窟穴，或槁死於草木，或饑餓於山谷，或沉溺於水泉，有民如此，先古聖王皆不能臣，當今之世，將安用之。

韓非之意：若爲人而不好利，必非「常理」中人，卽今人之所謂「變態心理」也。心理既非正常，乃不畏誅罰，不利德賞，唯其如此，故亦無益之民耳。於國於君，其何補哉？故姦刼弒臣篇云：

古有伯夷、叔齊者，武王讓以天下而弗受，二人餓死首陽之陵，若此臣者，不畏重誅，不利重賞，不可以罰禁也，不可以賞使也，此之謂無益之臣也。

君之用臣，在其臣之有利於國，設爲臣而無利於國，則雖無其臣，亦與國無傷；縱有其臣，亦惟耗靡食祿而已。韓非於君臣之關繫，恒作如是觀，故其於用臣之辯，亦有獨到之論。說疑篇云：

昔者有扈氏有失度、讙兜有孤男、三苗有成駒、桀有侯侈、紂有崇侯虎、晉有優施，此六人者，亡國之臣也。言是如非，言非如是，內險以賊其外，小謹以徵其善（註三二），稱道往古，使良事沮，善禪其主，以集精微，亂之以其所好，此夫郎中左右之類者也。往世之主，有得人而身安國存者；有得人而身危國亡者。得人之名一也，而利害相千萬也，故人主左右不可不愼也。

蒞民而治，首當得人，若所得之人爲朋黨比周以害國者，則其必無益於國可知也。若所得之人爲堅持己見，不顧大局，惟強諫之爲事，則亦掣肘礙政，非有利於國可知矣。若國中多爲隱逸高士，見利不喜，臨難不懼，不畏重罰，不利重賞，惟以其心之所事爲是，則亦無利於國之民而已矣。韓非論凡事皆首重於利，故於以上所舉各類無利之民，以爲有國有君之士，均當共棄之，使不復出現於人世也。

十五、結論

韓非之思想，以法術權勢之說名於世，歷來論述者衆，本文不擬贅言之矣。至韓非於「利」之見解，計分以上十三端（「前言」與「結論」不計）論述之，凡韓非子書中有關「論利」之見，大抵已羅列於斯矣。韓非生於戰國之末期，於諸子百家之遺說及著述，與夫風澤流衍，皆有機會耳聞甚或目睹，以韓非之聰明睿知而言，本可融會衆長，折衷至當，而歸納綜合成一套順天應人、合理適時之偉大學術者，奈何其人智慧有餘，度量不足，兼又情性躁急，胸襟狹隘，故終捨雍容正直之大道，而就偏狹激迫之小路，乃欲使世道人心趨於嚴酷淺薄之末流，此深爲可惜者也。李斯嘗采韓非之說以治嬴秦，終於促成暴政，而使趨於滅亡，此事雖不能一切委過於韓非，然韓非亦不能辭其咎也。至近世以來，昌言物質文明，忽視心性之可貴，思想界盡爲唯物之說所籠罩，所論功利，又甚於韓非矣。以是而論，則發揮心性之學，開拓靈明之光，則誠爲不可或緩之務也。所見或是或非，智者自可明斷，毋庸贅言。然韓非「論利」之見，自來尚無專文以闡之者，因乃論述之如上。

註一　見司馬遷史記老莊申韓列傳。

註二　王煥鑣韓非子選（一九六五年九月中華書局版）P. 18曰：「如」同「而」，「辟」即「避」之古體。

雲飛按：「如」「而」古聲母同，故可通假。

註三　今按韓非子說林下亦重出此一節，唯全節中缺「則忘其所惡」一語爲異耳。

註四　顧廣圻韓非子識誤云：「藏本桃作挑，案皆未詳」。兪曲園諸子平議曰：「左疑兀字之誤，桃兀蓋即檮兀之異文。楚之檮兀亦有春秋之名，楚語申叔時所謂敎之春秋是也，故謂之檮兀春秋矣。」陳啓天韓非子校釋云：「按作桃兀是。」

註五　「知足不辱」二語，見於老子第四十四章。雲飛按：殆者，危也。

註六　「以涯」，裴學海古書虛字集釋云：「以猶至也，及也。」今按「水之以涯」，言水之至於有邊際也。

註七　王煥鑣韓非子選云：「輕貨」，言其價値小，與下句中「百金」相反。「幽隱」，言非衆目昭彰之地，與下句中「市」相反。「可疑」，謂不能決定不取。今按王解是也。

註八　王煥鑣韓非子選云：「譙」，同「誚」，呵責。按，王解是也。

註九　語見王氏書P. 190（王煥鑣韓非子選，中華書局一九六五年九月版）。

註一〇　在武漢大學「文哲季刊」第二、三、四期內。

註一一　見老子道德經上篇第三十六章。

註一二　各本肤作肢，王煥鑣韓非子選以爲應作肤，與肢形近而誤，蓋謂因過分勞苦而至於無完整之肌膚也。今從其說。

註一三　韓非子翼毳，日本全齋大田方著，列入於漢文大系第八卷中。

註一四　「土槖」，王先愼韓非子集解謂乃「士託」二字之同音而誤者，略云：「士卽仕，仕謂仕者，託謂託者，爲官謂之仕，寄食於諸侯謂之託。」今從其說。

註一五　語見韓非子內儲說下——六微。意謂：人與人之間利害各不相同，甲之利或適爲乙之害，故同利者往往相殘。

註一六　「捐水」，棄水也。「霤」，尹桐陽韓子新釋云：「屋簷也」。「溺」，便溺也。

註一七　「爲」與「謂」古文多通用，此處蓋以「爲」代「謂」也。

註一八　「譙」與「誚」通用，責之也。

註一九　「翳」，隱、暗也；「憎」，恨也。「翳憎」謂暗恨也。

註二〇　「辜磔」，辜通枯；枯，棄市暴屍也。磔，車裂也。「壅離」，壅、蔽也，塞也。離，通迾；迾，遮遏也。

註二一　墨子魯問篇云：「公輸子削竹木以爲鵲，成而飛之，三日不下，公輸子以爲至巧。子墨子謂公輸子曰：『子之爲鵲也，不如匠之爲車轄，須臾斲三寸之木，而任五十石之重。故所爲巧，利於人謂之巧，不利於人謂之拙。』」此語可與外儲說左上之言相爲補充。

註二二　「倡」與「唱」通用，謂歌之也。

註二三　「長行徇上」：長行，高行也。徇上，從君上之事。言爲君上而犧牲己身也。

註二四　禮記大學篇：「民之父母」，朱熹大學注云：「言能絜矩而以民心爲己心，則是『愛民如子』，而民愛之如父母矣」。

註二五　禮記大學篇引尙書周書康誥云：「如保赤子」。按今本尙書作「若保赤子」。

註二六　小雅南山有臺篇云：「樂只君子，民之父母」，禮記大學篇云：「民之所好好之，民之所惡惡之，此之謂民之父母」。

註二七　「作書」謂造字也。「自環謂之私」，謂「私」字古文，蒼頡作「厶」之形，向內環捲，表「自私」之意也。「背私謂之公」，言「公」字作「八厶」之形，「八厶」即「背私」也，「八」象相背之形。言於字形而言，「公」「私」之相背乃如此也。

註二八　「蕃」與「藩」通用。

註二九　「望」，物雙松「讀韓非子」云：「怨望也」。王先愼「集解」云：「大臣盡力從事，雖行危致死無怨」。陳啓天「韓非子校釋」云：力盡猶言力竭也。

註三〇　「衞君」，人名，姓衞名君，爲楚國將者也，非衞國之君。

註三一　「別」，宋乾道本韓非子（浙江局本四部叢刊影印本）作「審」，玆從明韓子迂評本作「別」。

註三二　各本句讀皆作「內險以賊其外，小謹以徵其善」，陳啓天「韓非子校釋」作「內險以賊，其外小謹，以徵其善」。以其前後句式觀之，陳氏之句讀非是。

附錄二　史記韓非傳疏證

（原載新加坡新社學報第四期）

韓非生當戰國後期，其時去今已遠，故其生平事蹟，於今可考者已不多見，史記除本傳外，間或可於韓世家、始皇本紀、李斯傳、六國表等見及零星之關涉語，而戰國策姚賈譖殺韓非一章，亦未具列其詳。故凡韓非之生平，今可見者亦僅史記韓非傳耳。然史遷列老、莊、申、韓於一傳之中，以韓非事蹟之湮沒難考故，其所稱述者亦約略至甚。茲爲學者參考方便起見，因據韓非傳原文，就平日研讀之所得，將關涉乎韓氏生平之他書稱引，復益以一已之臆見，爲「史記韓非傳疏證」一文如下：

韓非者，韓之諸公子也。

飛案：韓姓，非其名也。

史記韓世家云：「韓之先，與周同姓，姓姬氏。其後苗裔事晉，得封於韓原，曰韓武子。武子後三世有韓厥，從封姓爲韓氏。」飛案：韓厥卽韓獻子，其裔至宣子而徙居州，至貞子又徙平陽。及韓景侯得爲列侯，徙陽翟。至哀侯，與趙、魏共分晉，始成一國，徙都鄭。

羅宗濤韓非學術原於老子說（註一）云：「太史公未言及其爲何王之子。近人陳千鈞韓非新傳（註二）疑其爲釐王或桓惠王之子，並無明證，聊備一說而已。又以本傳中有『韓王不能用』句，及於非書中不平之鳴，知其爲不得勢之諸公子也。」

史記韓世家云：「王安五年（紀元前二三四年），秦攻韓，韓急，使韓非使秦。秦留非，因殺之。」

史記始皇本紀云：「十四年（紀元前二三三年，亦卽韓王安六年），韓非使秦，秦用李斯謀留非，非死雲陽。」

史記六國表云：「始皇十四年，秦將桓齮定平陽、武城、宜安。韓使非來，我殺非。」

王先愼韓非子集解云（註三）：「按秦攻韓，紀、表未書，始皇十三年用兵於趙，十四年定平陽、武城、宜安，而後從事於韓，則非之使秦當在王安六年，紀、表爲是。吳師道以非爲韓王安五年使秦，據世家言之，不知作五年者，史之駁文也。」

飛案：始皇十四年卽王安六年，紀、表所稱韓非之死，相差一年。蓋非於王安五年使秦，其間「下吏治非」，展轉而至次年，始遇害至死，故紀、表之所記與世家有異，其實係一而二、二而一之說也。

至韓非之生年，則史無明文，近人以臆測之，凡有二說，錢穆先秦諸子繫年辨考云：「韓非與李斯同學於荀卿，其使秦在王安五年，翌年見殺，時斯在秦已十五年。若韓、李年略相當，則非壽在四十、五十之間。」據此則韓非約生於韓釐王十五年（紀元前二八一年）前後。

陳千鈞韓非新傳云：「據本書問田篇，堂谿公與韓非同時，據外儲說右下，堂谿公又與昭侯同時。大約堂谿公在昭侯時年尚輕，不過二、三十歲；及其與韓非談論時，已九十餘歲。」陳氏以爲其時「韓非不過二十餘歲」，「大約韓非之年較長於李斯」，故其被殺時已六十餘歲，約生於韓釐王初年（紀元前二九五年左右）。此皆約略測之，不可碻定之說也。

喜刑名法術之學，而其歸本於黃老。

飛案：刑名亦作形名，通也。蓋云實之於名，必當相稱之論也。

韓非子二柄篇云：「人主將欲禁姦，則審合刑名；刑名者，言與事也。爲人臣者陳而言，君以其言授之事，專以其事責其功，功當其事，事當其言則賞；功不當其事，事不當其言則罰。」

難一篇云：「人主雖使人，必以度量準之，以刑名參之。」

揚搉篇云：「君操其名，臣效其形；形名參同，上下和調也。」

飛案：韓子主法、術、勢兼用。先是，商鞅主法，申不害用術，愼到言勢，然三家各有所偏，至韓非則兼取而修正、綜合之，使別成一完整之統系。

韓非子定法篇云：「今申不害言術，而公孫鞅爲法。術者，因任而授官，循名而責實，操殺生之柄，課羣臣之能者也，此人主之所執也。法者，憲令著於官府，刑罰必於民心，賞存乎愼法，而罰加乎姦令者也，此臣之所師也。君無術則弊於上，臣無法則亂於下，此不可一無，皆帝王之具也。」

韓非子難勢篇引愼子云：「賢人而詘於不肖者，則權輕位卑也；不肖而能服於賢者，則權重位尊也。堯爲匹夫，不能治三人，而桀爲天子，能亂天下；吾以此知勢位之足恃，而賢知之不足慕也。」

飛案：韓非以愼子之所言爲「自然之勢」，以爲爲人主者，除恃自然之勢外，尙須益之以「人爲之勢」，其所謂「人爲之勢」，蓋以客觀之「法」爲準，使中智之主抱法處勢以治之，而其國可富強之論也。

飛案：黃老並稱，實始於漢初（註四），史遷蓋襲時言以論事耳。黃帝之學，蓋虛妄之論，漢志有黃帝四篇，黃帝銘六篇，黃帝君臣十篇，雜黃帝五十八篇，自注曰：六國時賢者所作。今不可考矣。老子道德經及今可見，韓非主「虛靜無爲」之術，卽出於老子之說也。吾友羅宗濤君嘗撰「韓非學術原於老子說」一文，其論甚備，此不具言。

非為人口吃，不能道說，而善著書。

飛案：「吃」史記正義云：音「訖」。今人謂「口吃」為「結巴嘴」，謂言語蹇難，久久不能成一辭也。「善著書」蓋謂其長於為文，無論敘事說理，俱高於常人，讀今本韓非子諸篇，可知史遷之言不謬矣。

與李斯俱事荀卿，斯自以為不如非。

史記李斯列傳云：「李斯者，楚上蔡人也。」飛案：斯嘗與韓非共學於荀卿，始皇既定天下，斯為丞相，定郡縣之制，下禁書令，省籀文為小篆。始皇崩，斯聽趙高謀，矯詔殺扶蘇，而立二世，會趙高用事，與斯互忌，高誣斯子由通盜，腰斬咸陽，並夷其三族。事具見斯本傳。

荀卿名況，趙人，嘗為楚之蘭陵令，史記正義謂著書二十二卷，今本荀子凡二十卷三十二篇。其學言「性惡」，主以「隆禮樂、殺詩書」以矯正之。事詳史記荀卿本傳。

荀卿自齊適楚為蘭陵令在韓桓惠王十八年（紀元前二五五年），韓非、李斯俱事荀卿約在桓惠王十九年之後（註五）。「斯自以為不如非」之意，即非本傳「李斯姚賈害之」可知，蓋斯與非共學時已自覺不如非，及非使秦，則更嫉其才而恐秦王重用之而抑己之位分矣。

非見韓之削弱，數以書諫韓王，韓王不能用。

韓王，史記索隱云：「韓王安也。」

飛按：韓之立國，地方不足千里，東有齊，南鄰楚，西界強秦，北接趙、魏，七國之中，以韓爲最削弱。而諸侯間之擁兵專地，相互攻伐，春秋之時，已啓其端，迨夫戰國，其勢尤烈。方此弱肉強食之時代，韓非之祖國，最爲危急，故非乃數以書諫韓王也。至「韓王不能用」，則自非書孤憤、五蠹、和氏、顯學諸篇皆可見其意矣。

於是韓非疾治國不務脩明其法制，執勢以御臣下，富國強兵，而以求人任賢，反舉浮淫之蠹，而加之於功實之上。

韓非子五蠹篇云：「今人主之於言也，說其辯而不求其當焉；其於行也，美其聲而不責其功焉。是以天下之衆，其言談者務爲辯而不周於用。故舉先王、言仁義者盈廷，而政不免於亂。行身競於爲高，而不合於功。故智士退處巖穴，歸祿不受，而兵不免於弱。兵不免於弱，政不免於亂，此其故何也？民之所譽，上之所禮，亂國之術也。」

亡徵篇云：「好以智矯法，時以私襍公，法禁變易，號令數下者，可亡也。」

孤憤篇云：「今大臣執柄獨斷，而上弗知收，是人主不明也。與死人同病者，不可生也；與亡國同事者，不可存也。今襲迹齊、晉，欲國安存，不可得也。」

飛案：以上數端，即所謂「治國不務脩明法制」云云也。

五蠹篇又云：「是故亂國之俗：其學者，則稱先王之道以藉仁義，盛容服而飾辯說，以疑當世之法，而貳人主之心。其言談者，僞設詐稱，借於外力，以成其私，而遺社稷之利。其帶劍者，聚徒屬、立節操，以顯其名，而犯五官之禁。其患御者，積於私門，盡貨賂，而用重人之謁，退汗馬之勞。其商工之民，修治苦窳之器，聚弗靡之財，蓄積待時，而侔農夫之利。此五者，邦之蠹也。人主不除此五蠹之民，不養耿介之士，則海內雖有破亡之國，削滅之朝，亦勿怪矣。」飛案：所謂「浮淫之蠹」即此處所云之「五蠹」也。韓子重耕戰之士，今五蠹之民尊貴而無汗馬之勞，且侔農夫之利，故云加「五蠹」於有「功實」之耕戰之民之上也。

以爲儒者用文亂法，而俠者以武犯禁。

韓非子五蠹篇云：「儒以文亂法，俠以武犯禁，而人主兼禮之，此所以亂也。夫離法者罪，而諸先生以文學取；犯禁者誅，而羣俠以私劍養。故法之所非，君之所取；吏之所誅，上之所養也。法、取、上、下，四相反也，而無所定，雖有十黃帝，不能治也。」飛案：「法、取、上、下」，「法」即「法之所非」也，「取」謂「君之所取」也，「上」言「主上」，「下」謂「吏」之據法以誅罪也，今以文亂法，以武犯禁之故，乃至於法、取、上、下之相悖而行之也。

寬則寵名譽之人，急則用介冑之士。今者，所養非所用，所用非所養。

韓非子顯學篇云：「國平則養儒俠，難至則用介士，所養者非所用，所用者非所養，此所以亂也。」

五蠹篇云：「國平養儒俠，難至用介士，所利非所用，所用非所利。是故服事者簡其業，而游學者日衆，是世之所以亂也。」

五蠹篇又云：「夫耕之用力也勞，而民爲之者，曰：可以得富也。戰之爲事也危，而民爲之者，曰：可以得貴也。今修文學、習言談，則無耕之勞而有富之實，無戰之危而有貴之尊，則人孰不爲也？是以百人事智，而一人用力。事智者衆，則法敗；用力者寡，則國貧。此世之所以亂也。」

悲廉直不容於邪枉之臣，觀往者得失之變，故作孤憤、五蠹、內外儲、說林、說難十餘萬言。

韓非子孤憤篇云：「人主之左右，行非伯夷也，求索不得，貨賂不至，則精辯之功息，而毀誣之言起矣。治辯之功制於近習，精潔之行決於毀譽，則修智之吏廢，而人主之明塞矣。不以功伐決智行，不以參伍審罪過，而聽左右近習之言，則無能之士在廷，而愚污之吏處官矣。」

孤憤篇又云：「大臣挾愚污之人，上與之欺主，下與之收利侵漁，朋黨比周，相與一口，惑主敗法，以亂士民，使國家危削，主上勞辱，此大罪也。臣有大罪而主弗禁，此大失也。使其主有大失於上，臣有大罪於下，索國之不亡者，不可得也。」

飛案：孤憤、五蠹、內外儲、說林、說難皆韓非子一書之篇名。就中五蠹、孤憤、說難三篇係以論述體爲之，此類體裁，蓋非書之主幹作品也。內儲說上、下，外儲說左上、左下、右上、右下，共爲六篇，皆以連珠體爲之，爲後世連珠體之始祖。說林計分上、下二篇，則以故事體爲之者。

然韓非知說之難，爲「說難」書甚具，終死於秦，不能自脫。說難曰：（以下說難篇全文，從略）。

飛按：韓非身歷其境，深知遊說時主之艱難，因陳述遊說困難之論，並分析遊說成功、失敗之因由，條分縷析，爲一極有系統之論述文。全文共分五節，一論遊說時須先知人主之心理變化。次論諫說不愼而有足以危身者十五事，以明遊說之難。三論進言之術，應就人主之心理實況，而施用不同之說辭，以飾其所矜而滅其所恥。四舉歷史故事、民間傳說，以明「非知之難，處知則難」之理。末舉彌子瑕之事表明說者宜先察人主之愛憎，不可犯其逆鱗。

史記始皇本紀云：「十四年（紀元前二三三年），韓非使秦，秦用李斯謀留非，非死雲陽。」

史記六國表云：「始皇十四年，秦將桓齮定平陽、武城、宜安。韓使非來，我殺非。」

人或傳其書至秦，秦王見孤憤、五蠹之書曰：「嗟呼！寡人得見此人與之游，死不恨矣。」李斯曰：「此韓非之所著書也。」

飛按：秦王，蓋謂秦始皇也。

王充論衡佚文篇云：「韓非之書見於秦廷，始皇嘆曰：獨不得此人。」

陳奇猷韓非子集釋（註六）云：「據韓非傳知秦王見孤憤、五蠹之書不知爲誰何所作，問之李斯，李斯卽以韓非對，則李斯必係與韓非同學於荀卿時已見韓非之書，不然，李斯入秦後，秦、韓遠隔，卽或可見傳來之韓非書，不能知爲韓非作。據始皇本紀李斯入秦在始皇元年前一或二年，據李斯傳李斯欲西入秦而辭荀卿，則李斯入秦前已大有成就。」飛案：韓非之學述，於入秦前已大有成就，此語當可信，覩本傳「斯自以爲不如非」一語可知也。

秦因急攻韓，韓王始不用非，及急，迺遣非使秦。

史記始皇本紀云：「始皇十年，大索，逐客，李斯上書說，乃止逐客令。李斯因說秦王，請先取韓，以恐他國。於是使斯下韓，韓王患之，與韓非謀弱秦。」

史記韓世家云：「王安五年，秦攻韓，韓急，使韓非使秦。」

史記始皇本紀又云：「十四年，韓非使秦，秦用李斯謀留非，非死雲陽。」

史記六國表云：「始皇十四年，秦將桓齮定平陽、武城、宜安。韓使非來，我殺非。」

飛案：以上皆韓非謀弱秦及使秦之記載也。

秦王悅之，未信用，李斯、姚賈害之。毀之曰：「韓非，韓之諸公子也。今王欲幷諸侯，非終爲韓，不爲秦，此人之情也。今王不用。久留而歸之，此自遺患也。不如以過法誅之。」秦王以爲然，下吏治非，李斯使人遺非藥，使自殺。

韓非子存韓篇所附李斯上秦王書云(註七)：「秦之有韓，若人之有腹心之病也……非之來也，未必不以其能存韓也，爲重於韓也；辯說屬辭，飾非詐謀，以釣利於秦，而以韓利闚陛下。夫秦韓之交親，則非重矣，此自便之計也。臣視非之言，文其淫說靡辯，才甚。臣恐陛下淫非之辯，而聽其盜心，因不詳察事情。」

飛案：李斯上韓王書云：「李斯往詔韓王未得見」，而於上秦王書中則曰：「臣斯請往見韓王，使來入見。」蓋李斯自請使韓入覲韓王，欲令韓王入李斯所預設之圈套，今既不可得見韓王，則其詭計不售，旣返秦，自覺無顏見秦王，然又恐始皇重用韓非，奪其權柄，因設計以害非，而指非爲「韓之諸公子」、「終爲韓不爲秦」，故云「久留而歸之，此自遺患也，不如以過誅之」也。

戰國策姚賈譖殺韓非章云：「秦王大說，賈封千戶，以爲上卿。韓非短之曰：『賈以珍珠重寶，南使荊、吳，北使燕、代之間三年，四國之交，未必合也，而珍珠重寶盡於內。是賈以王之權、國之寶，外自交於諸侯，願王察之。且梁監門子嘗盜於梁，臣於趙，而逐於世；監門子，梁之大盜，趙之逐臣，與同社稷之計，非所以厲羣臣也。』王召姚賈而問之曰：『吾聞子以寡人財交於諸侯，有諸？』對曰：『有。』王曰：『有何面目見寡人？』對曰：『曾參孝其親，天下願以爲子；子胥忠於君，天下願以爲臣；貞女工巧，天下願以爲妃。今賈忠王，而王不知也。賈不歸四國，尚焉之？使賈不忠於君，四國之主尚焉用賈之身？桀聽讒而誅其良將，紂聞讒而殺其忠臣，至身死國亡。今王聽讒，則無忠臣矣。』王曰：『子監門子，梁之大盜，趙之逐臣。』賈曰：『太公望，齊之逐夫，朝歌之廢屠，子良之逐臣，棘津之讎不庸，文王用之而王。……故明主不取其汚，不聽其誹，察其爲己用，故可以存社稷者，雖有外誹不聽，雖有高世之名，無咫尺之功者不賞，是以羣臣莫敢以虛願望於上。』秦王曰：『然。』乃復使姚賈，而誅韓非。」

王充論衡獨虛篇云：「李斯妒非才，幽殺韓非。」

韓非欲自陳，不得見。秦王後悔之，使人赦之，非已死矣。

飛案：非欲自陳，冀得出獄脫罪，詞具初見秦篇中，故初見秦篇雖後人題之爲「初見秦」，實則後出於存韓篇，且係囚禁雲陽時所作，蓋韓非以爲己身之所以繫獄而久不得見秦王者，當係入秦之初上存韓篇以說秦存韓，而招致此禍，爲求自脫緩罪之計，乃自獄中上書自陳，請滅韓以表忠秦之心跡，故存韓篇與初見秦篇乃有內容上顯示前後牴觸之詞，細讀初見秦篇首尾諸語，可悟其理也（註八）。其篇首云：「臣聞不知而言不智，知而不言不忠。爲人臣不忠當死，言而不當亦當死。雖然，臣願悉言所聞，唯大王裁其罪。」其篇末云：「臣昧死願望見大王，言所以破天下之從。舉趙亡韓，臣荆、魏，親齊、燕，以成霸王之名，朝四鄰諸侯之道。大王誠聽其說，一舉而天下之從不破，趙不舉，韓不亡，荆、魏不臣，齊、燕不親，霸王之名不成，四鄰諸侯不朝，大王斬臣以徇國，以戒（註九）爲王謀不忠者也。」此蓋韓非之絕筆，於獄中自陳以求解脫之辭也，其與存韓篇必當有所牴觸可知矣。然論衡獨虛篇云：「李斯妒非才，幽殺韓非。」則非雖自陳，終不得見秦王而身先死矣。其後秦王雖悔而赦之，然爲時已晚，死而不可復生矣。

申子、韓子皆著書傳於後世，學者多有。余獨悲韓子爲「說難」，而不能自脫耳。

飛案：申子二篇，至漢劉向時，又由後人增爲六篇，故漢書藝文志法家有申子六篇，宋以後即已散佚無存，惟諸書之所稱引者，尚可得而考也。

史記非本傳但云：「非爲人口吃，不能道說，而善著書……作孤憤、五蠹、內外儲、說林、說難十餘萬言。」未言書名及篇卷之數目。漢志法家著錄韓子五十五篇。張守節史記正義引梁阮孝緒七錄稱韓子二十卷。隋志稱韓子二十卷，目一卷。以後各史志所載皆與隋志同卷數。至宋時私家目錄如晁公武郡齋讀書志、陳振孫直齋書錄解題等始稱之爲韓非子。清代輯四庫全書則依古例而稱之爲韓子，並提要云：「疑非所著書，本各自爲篇，非歿之後，其徒收拾編次，以成一帙，故在韓在秦之作均爲收錄，併其私記未完之稿亦收入書中，名爲非撰，實非非所手定也，以其本出於非，故仍題非名以著於錄焉。」

飛又案：說難一篇，爲韓非子書中結構最稱精密，論析最具技巧，說理最爲深入之作，故宋朱熹語錄云：「術至韓非說難，精密至矣。」史公蓋嘆其有撰「說難」之文才與深思，而竟至於不能自脫，是故謂其可悲也。史遷於孫武吳起列傳云：「能行之者未必能言，能言之者未必能行」，韓非豈卽能言而未必能行者乎？

一九七〇年六月二十九日於南洋大學

註一　見國立臺灣師範大學國文研究所集刊第八期。
註二　在陳氏著韓非子研究一書之第（二）部分。
註三　說在王氏書初見秦篇集解中。
註四　說見林尹中國學術思想大綱第九八頁。
註五　說見陳奇猷韓非子集釋附錄韓非年表。

註六　見陳氏韓非子集釋附錄。

註七　存韓篇自篇首至「不可悔也」爲非原作，其下爲李斯上秦王書、上韓王書，皆後人所增附者也。

註八　此見係取意於徐文珊先秦諸子導讀以爲說者，請參見徐著三三八頁。

註九　陳奇猷韓非子集釋初見秦篇第一一九註以爲當增「戒」字。飛案：陳說是也。

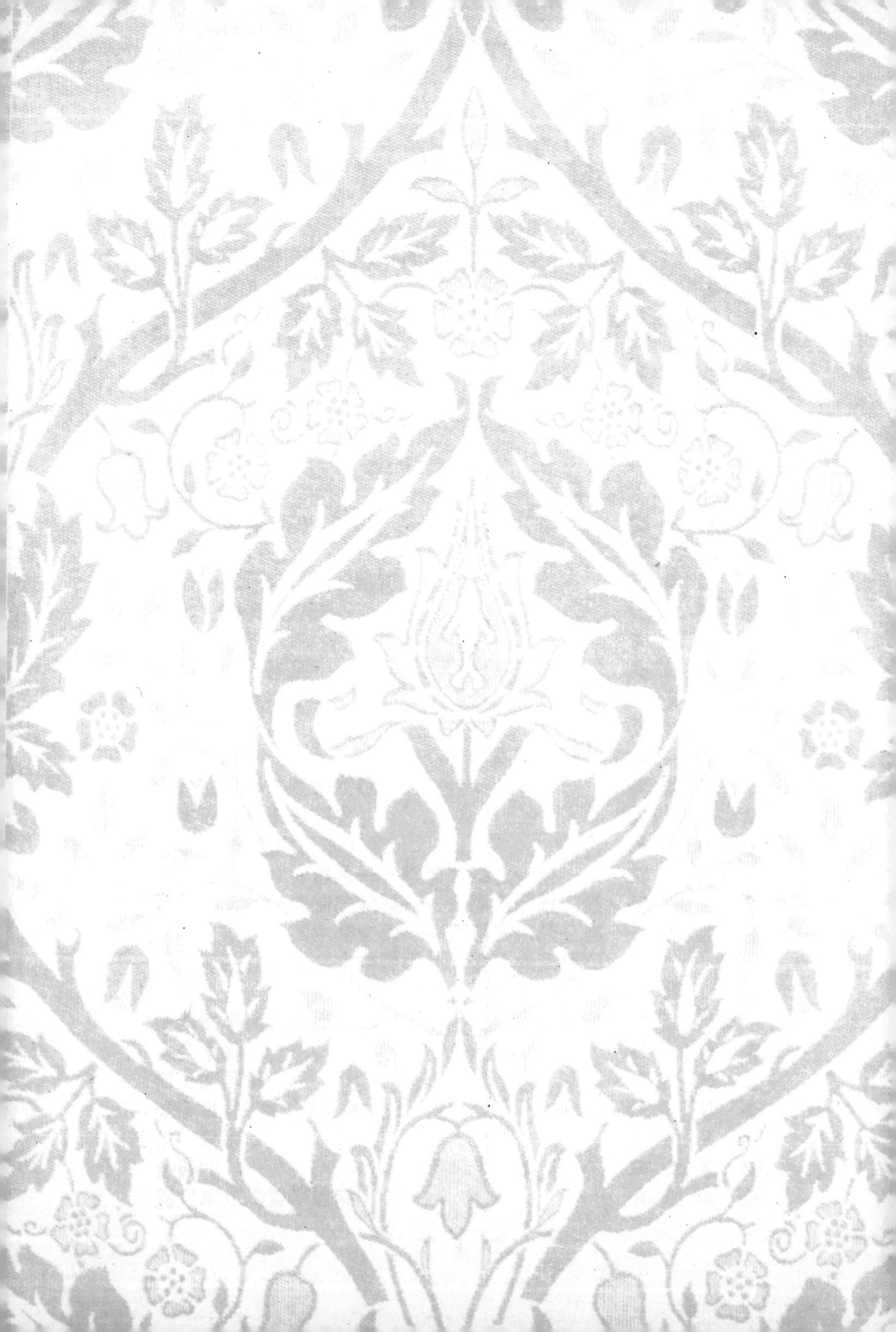

現代藝術哲學	孫　旗　譯
現代美學及其他	趙天儀　著
中國現代化的哲學省思	成中英　著
不以規矩不能成方圓	劉君燦　著
恕道與大同	張起鈞　著
現代存在思想家	項退結　著
中國思想通俗講話	錢　穆　著
中國哲學史話	吳怡、張起鈞　著
中國百位哲學家	黎建球　著
中國人的路	項退結　著
中國哲學之路	項退結　著
中國人性論	臺大哲學系主編
中國管理哲學	曾仕強　著
孔子學說探微	林義正　著
心學的現代詮釋	姜允明　著
中庸誠的哲學	吳　怡　著
中庸形上思想	高柏園　著
儒學的常與變	蔡仁厚　著
智慧的老子	張起鈞　著
老子的哲學	王邦雄　著
逍遙的莊子	吳　怡　著
莊子新注（內篇）	陳冠學　著
莊子的生命哲學	葉海煙　著
墨家的哲學方法	鐘友聯　著
韓非子析論	謝雲飛　著
韓非子的哲學	王邦雄　著
法家哲學	姚蒸民　著
中國法家哲學	王讚源　著
二程學管見	張永儁　著
王陽明——中國十六世紀的唯心主義哲學家	張君勱原著、江日新中譯
王船山人性史哲學之研究	林安梧　著
西洋百位哲學家	鄔昆如　著
西洋哲學十二講	鄔昆如　著
希臘哲學趣談	鄔昆如　著
近代哲學趣談	鄔昆如　著
現代哲學述評(一)	傅佩榮編譯

當代西方哲學與方法論	臺大哲學系主編
人性尊嚴的存在背景	項退結編著
理解的命運	殷鼎著
馬克斯・謝勒三論	阿弗德・休慈原著、江日新譯
懷海德哲學	楊士毅著
洛克悟性哲學	蔡信安著
伽利略・波柏・科學說明	林正弘著
宗教類	
天人之際	李杏邨著
佛學研究	周中一著
佛學思想新論	楊惠南著
現代佛學原理	鄭金德著
絕對與圓融——佛教思想論集	霍韜晦著
佛學研究指南	關世謙譯
當代學人談佛教	楊惠南編著
從傳統到現代——佛教倫理與現代社會	傅偉勳主編
簡明佛學概論	于凌波著
圓滿生命的實現（布施波羅密）	陳柏達著
薝蔔林・外集	陳慧劍著
維摩詰經今譯	陳慧劍譯註
龍樹與中觀哲學	楊惠南著
公案禪語	吳怡著
禪學講話	芝峯法師譯
禪骨詩心集	巴壺天著
中國禪宗史	關世謙著
魏晉南北朝時期的道教	湯一介著
社會科學類	
憲法論叢	鄭彥棻著
憲法論衡	荊知仁著
國家論	薩孟武譯
中國歷代政治得失	錢穆著
先秦政治思想史	梁啟超原著、賈馥茗標點
當代中國與民主	周陽山著
釣魚政治學	鄭赤琰著
政治與文化	吳俊才著
中國現代軍事史	劉馥著、梅寅生譯
世界局勢與中國文化	錢穆著

中華文化十二講	錢　　穆　著
民族與文化	錢　　穆　著
楚文化研究	文崇一　著
中國古文化	文崇一　著
社會、文化和知識分子	葉啟政　著
儒學傳統與文化創新	黃俊傑　著
歷史轉捩點上的反思	韋政通　著
中國人的價值觀	文崇一　著
紅樓夢與中國舊家庭	薩孟武　著
社會學與中國研究	蔡文輝　著
比較社會學	蔡文輝　著
我國社會的變遷與發展	朱岑樓主編
三十年來我國人文社會科學之回顧與展望	賴澤涵　編
社會學的滋味	蕭新煌　著
臺灣的社區權力結構	文崇一　著
臺灣居民的休閒生活	文崇一　著
臺灣的工業化與社會變遷	文崇一　著
臺灣社會的變遷與秩序(政治篇)(社會文化篇)	文崇一　著
臺灣的社會發展	席汝楫　著
透視大陸	政治大學新聞研究所主編
海峽兩岸社會之比較	蔡文輝　著
印度文化十八篇	糜文開　著
美國的公民教育	陳光輝　譯
美國社會與美國華僑	蔡文輝　著
文化與教育	錢　　穆　著
開放社會的教育	葉學志　著
經營力的時代	青野豐作著、白龍芽　譯
大眾傳播的挑戰	石永貴　著
傳播研究補白	彭家發　著
「時代」的經驗	汪琪、彭家發　著
書法心理學	高尚仁　著

史地類

古史地理論叢	錢　　穆　著
歷史與文化論叢	錢　　穆　著
中國史學發微	錢　　穆　著
中國歷史研究法	錢　　穆　著
中國歷史精神	錢　　穆　著

國史新論	錢　穆　著
秦漢史	錢　穆　著
秦漢史論稿	邢義田　著
與西方史家論中國史學	杜維運　著
中西古代史學比較	杜維運　著
中國人的故事	夏雨人　著
明朝酒文化	王春瑜　著
共產國際與中國革命	郭恒鈺　著
抗日戰史論集	劉鳳翰　著
盧溝橋事變	李雲漢　著
老臺灣	陳冠學　著
臺灣史與臺灣人	王曉波　著
變調的馬賽曲	蔡百銓　譯
黃帝	錢　穆　著
孔子傳	錢　穆　著
唐玄奘三藏傳史彙編	釋光中　編
一顆永不殞落的巨星	釋光中　著
當代佛門人物	陳慧劍編著
弘一大師傳	陳慧劍　著
杜魚庵學佛荒史	陳慧劍　著
蘇曼殊大師新傳	劉心皇　著
近代中國人物漫譚・續集	王覺源　著
魯迅這個人	劉心皇　著
三十年代作家論・續集	姜　穆　著
沈從文傳	凌　宇　著
當代臺灣作家論	何　欣　著
師友風義	鄭彥棻　著
見賢集	鄭彥棻　著
懷聖集	鄭彥棻　著
我是依然苦鬥人	毛振翔　著
八十憶雙親、師友雜憶（合刊）	錢　穆　著
新亞遺鐸	錢　穆　著
困勉強狷八十年	陶百川　著
我的創造・倡建與服務	陳立夫　著
我生之旅	方　治　著
語文類	
中國文字學	潘重規　著

中國聲韻學	潘重規、陳紹棠 著
訓詁通論	吳孟復 著
翻譯新語	黃文範 著
詩經研讀指導	裴普賢 著
陶淵明評論	李辰冬 著
鍾嶸詩歌美學	羅立乾 著
杜甫作品繫年	李辰冬 著
杜詩品評	楊慧傑 著
詩中的李白	楊慧傑 著
司空圖新論	王潤華 著
詩情與幽境——唐代文人的園林生活	侯迺慧 著
唐宋詩詞選——詩選之部	巴壺天 編
唐宋詩詞選——詞選之部	巴壺天 編
四說論叢	羅盤 著
紅樓夢與中華文化	周汝昌 著
中國文學論叢	錢穆 著
品詩吟詩	邱燮友 著
談詩錄	方祖燊 著
情趣詩話	楊光治 著
歌鼓湘靈——楚詩詞藝術欣賞	李元洛 著
中國文學鑑賞舉隅	黃慶萱、許家鶯 著
中國文學縱橫論	黃維樑 著
蘇忍尼辛選集	劉安雲 譯
1984	GEORGE ORWELL原著、劉紹銘 譯
文學原理	趙滋蕃 著
文學欣賞的靈魂	劉述先 著
小說創作論	羅盤 著
借鏡與類比	何冠驥 著
鏡花水月	陳國球 著
文學因緣	鄭樹森 著
中西文學關係研究	王潤華 著
從比較神話到文學	古添洪、陳慧樺主編
神話卽文學	陳炳良等譯
現代散文新風貌	楊昌年 著
現代散文欣賞	鄭明娳 著
世界短篇文學名著欣賞	蕭傳文 著
細讀現代小說	張素貞 著

現代詩學	蕭　　蕭　著
詩美學	李元洛　著
詩學析論	張春榮　著
橫看成嶺側成峯	文曉村　著
大陸文藝論衡	周玉山　著
大陸當代文學掃瞄	葉穉英　著
走出傷痕——大陸新時期小說探論	張子樟　著
兒童文學	葉詠琍　著
兒童成長與文學	葉詠琍　著
增訂江皋集	吳俊升　著
野草詞總集	韋瀚章　著
李韶歌詞集	李　　韶　著
石頭的研究	戴　　天　著
留不住的航渡	葉維廉　著
三十年詩	葉維廉　著
讀書與生活	琦　　君　著
城市筆記	也　　斯　著
歐羅巴的蘆笛	葉維廉　著
一個中國的海	葉維廉　著
尋索：藝術與人生	葉維廉　著
山外有山	李英豪　著
葫蘆・再見	鄭明娳　著
一縷新綠	柴　　扉　著
吳煦斌小說集	吳煦斌　著
日本歷史之旅	李希聖　著
鼓瑟集	幼　　柏　著
耕心散文集	耕　　心　著
女兵自傳	謝冰瑩　著
抗戰日記	謝冰瑩　著
給青年朋友的信(上)(下)	謝冰瑩　著
冰瑩書柬	謝冰瑩　著
我在日本	謝冰瑩　著
人生小語(一)～(四)	何秀煌　著
記憶裏有一個小窗	何秀煌　著
文學之旅	蕭傳文　著
文學邊緣	周玉山　著
種子落地	葉海煙　著

向未來交卷	葉海煙 著
不拿耳朶當眼睛	王讚源 著
古厝懷思	張文貫 著
關心茶——中國哲學的心	吳怡 著
放眼天下	陳新雄 著
生活健康	卜鍾元 著
美術類	
樂圃長春	黃友棣 著
樂苑春回	黃友棣 著
樂風泱泱	黃友棣 著
談音論樂	林聲翕 著
戲劇編寫法	方寸 著
戲劇藝術之發展及其原理	趙如琳譯著
與當代藝術家的對話	葉維廉 著
藝術的興味	吳道文 著
根源之美	莊申 著
中國扇史	莊申 著
立體造型基本設計	張長傑 著
工藝材料	李鈞棫 著
裝飾工藝	張長傑 著
人體工學與安全	劉其偉 著
現代工藝概論	張長傑 著
色彩基礎	何耀宗 著
都市計畫概論	王紀鯤 著
建築基本畫	陳榮美、楊麗黛 著
建築鋼屋架結構設計	王萬雄 著
室內環境設計	李琬琬 著
雕塑技法	何恆雄 著
生命的倒影	侯淑姿 著
文物之美——與專業攝影技術	林傑人 著